SYLVIE ESPELLET

50 ANS oser le changement

JOURNAL DE BORD

QUIZ, INFOS, CONSEILS, DÉFIS, EXOS, AUDIOS

MANGO éditions

VIEILLIR

NE SIGNIFIE PAS VIVRE VIEUX

ET MALHEUREUX,

MAIS VIVRE MIEUX

ET HEUREUX !

SOMMAIRE

PRÉAMBULE

Beaucoup de personnes ont peur du temps qui passe. Et pourtant, vieillir ne doit pas être perçu comme un déclin, mais au contraire comme un accomplissement. On a toujours tendance à considérer la vieillesse avec un regard négatif en oubliant ce qu'elle apporte. Le but de ce guide est de vous faire prendre conscience à quel point votre vie peut être belle, et ce à n'importe quel âge. Vieillir est certes une réalité, mais pas une fatalité. Notre vision du monde dépend de la façon dont nous percevons les choses et les évènements, mais surtout de la façon dont nous y répondons. Si nous fixons notre attention sur le fait que vieillir est déprimant, limitant, angoissant… alors, en effet, notre avancée dans l'âge sera plutôt morose et nous allons vieillir bien plus vite que prévu !

Le **bien-vieillir** est tout simplement une philosophie et un état d'esprit. Il implique parfois de changer certaines de nos habitudes ou croyances pour nous ouvrir davantage. La vie, je vous l'accorde, n'est pas un long fleuve tranquille, mais elle reste néanmoins un voyage merveilleux où rien n'est jamais figé, où tout est en perpétuelle évolution. La vie est un jeu : un coup on gagne, un coup on perd ; c'est une succession de joies et de tristesses, de satisfactions et de déceptions, de conforts et d'inconforts... L'essentiel est d'apprendre à accepter ces variations et ces épreuves, pour mieux vivre son temps présent, rebondir et avancer vers un avenir meilleur. Une page se ferme, une autre s'ouvre. Même dans les moments de tourment, sachez que nos ressources, elles, ne nous abandonnent jamais. Nous avons tous en nous des forces insoupçonnées qui ne demandent qu'à être mises au jour et à se déployer, peu importe notre âge !

C'est ce qui fait la richesse de la vie : rien n'est jamais joué d'avance, tout se crée et se dessine à chaque instant. Nous sommes l'artiste de notre vie.

L'intention de ce livre est de vous accompagner pas à pas à mieux vivre un quotidien parfois pesant ou stressant, en vous permettant de développer vos ressources pour surmonter sereinement, avec force et confiance, les différentes épreuves que la vie met sur votre chemin, et surtout de vous donner (ou redonner !) **le sourire, l'énergie, l'espoir, la joie de vivre, l'envie de profiter de chaque instant, d'avancer, d'oser, de créer**.

Ce livre n'est pas un simple livre, c'est bien plus que cela ! C'est à la fois **votre guide et votre confident**. C'est un ouvrage « vivant » et ludique, où vous allez avoir l'opportunité d'être tour à tour spectateur et acteur, lecteur et écrivain. C'est un « accompagnement » pour « booster votre second demi-siècle », étape par étape, pas après pas. C'est un véritable concentré de positif, qui contient aussi des clés et des outils précieux pour augmenter votre vitalité et votre bien-être !

« On s'aperçoit qu'on a vieilli en remarquant les rides de la vieillesse sur le visage d'un autre. »

Adolphe d'Houdetot

INTRODUCTION

Le temps, une richesse inestimable, s'écoule bien trop vite. Il convient de l'honorer en l'investissant judicieusement, en poursuivant une réalisation personnelle profonde, afin de ne laisser place à aucun regret.

Petit retour en arrière…

Un beau jour, nous pointons le bout de notre nez et c'est en criant, tout gluant, que débute notre vie dans le monde des terriens. S'ensuivent nos premiers gazouillis et l'exploration à quatre pattes du nid familial qui nous paraît, à cet instant de notre vie, aussi spacieux que le château de Versailles ! Puis le grand jour arrive, où avec fierté, nous nous mettons à marcher. Quelle aventure ! Mais le temps du premier âge laisse très vite place à la petite enfance. Nous sommes maintenant devenus « grands » et tenons beaucoup à ce titre. Notre mini cartable sur le dos, nous commençons alors notre long chemin d'écolier. Mais de la petite section à l'école primaire, le pas est infime… Nous voilà déjà à apprendre à lire, écrire, compter. Même sportivement, nous avons fait des progrès considérables, nous avons réussi à dire adieu à nos petites roues et à maîtriser totalement des engins de toutes sortes… Le monde nous appartient ; rien ne nous arrête ! Nous avons des rêves plein la tête et des étoiles plein les yeux. C'est le temps de l'insouciance, des jeux et des rires. La seule chose qui nous préoccupe est de nous amuser, rêver, imaginer un monde parallèle, inventer, créer, nous identifier à nos héros préférés, nous projeter dans notre vie de grand : « Moi, je serai astronaute et j'irai conquérir l'espace », « Je serai riche et célèbre », « Je serai architecte et construirai des maisons sous l'océan », « Je ferai le tour du monde »…

Puis nous passons avec une telle rapidité, sans avoir eu le temps de dire « ouf », de l'écolier « assisté » au collégien « autonome ». Finies les belles années d'amusement, d'insouciance et de rêverie. Nous sommes devenus maintenant collégiens « responsables » et capables du haut de nos quatorze ans de choisir notre orientation professionnelle, sans rien connaître réellement de la vie, et encore moins du monde du travail ! Mais le moment est pourtant venu pour nous de décider de ce que nous voulons faire de notre avenir, de prendre un chemin.

Une vingtaine d'années se sont alors écoulées, bercées par l'insouciance et la joie de vivre de notre enfance, puis par le remue-ménage intérieur de notre adolescence où nous n'avions qu'une envie, nous révolter contre le système pour changer le monde. Nous sommes devenus de jeunes adultes en transition. Il est temps de quitter notre cocon familial, de déployer nos ailes, de prendre de l'altitude. Quant à nos RÊVES, sont-ils toujours avec nous ou ont-ils déjà déserté notre esprit et notre cœur ?

L'horloge continue de tourner... L'âge d'entrer dans la « vie active » est maintenant au rendez-vous ; chacun d'entre nous cherche sa place dans la société, dans ce monde. C'est le temps de notre premier vrai job... Fiers d'être indépendants et d'avoir un compte en banque à notre nom, nous imaginons des projets de vie que nous avons rêvés durant toute notre enfance (influencés par notre éducation et notre société), la vie à deux (ou pas), le mariage (ou pas), l'achat de notre premier appartement ou la construction de notre maison, le premier bébé et la fondation d'une famille (ou pas !)... Bref, vous l'aurez compris, c'est de toute évidence le début des gros changements, des décisions importantes et des responsabilités.

Vive la trentaine ! Ce premier grand tournant de l'existence, où comme nos parents, nos grands-parents, nos arrière-grands-parents... de génération en génération, nous prenons notre vie en main, nous semons à notre tour, nous transmettons. Il « faut » assumer et assurer ! Notre vie est tellement remplie que nous en oublions le temps.

Hier trente ans, et aujourd'hui nous voilà déjà à souffler nos quarante bougies, entourés avec amour de notre petite tribu. Quarante ans ! Nous venons de donner sur ces dix dernières années, au grand minimum, entre 15000 et 18000 heures de notre temps si précieux à notre entreprise. Que nous soyons passionnés par notre métier ou que nous le subissions, nous avons passé un tiers de notre vie au travail et tout autant à nous occuper des autres !

À la quarantaine, en théorie, nous avons acquis assez de discernement et d'expériences pour pouvoir distinguer de plus en plus clairement « ce qui est bon pour nous » de « ce qui ne l'est pas ». Quarante ans, quel bel âge, mais aussi quel chambardement ! C'est le moment de la remise en question, où nous passons du « comment » au « pourquoi », où nous avons à cœur de donner un sens à notre vie. C'est le temps où certains de nos vieux rêves bien enfouis ressurgissent… et nous invitent à les reconsidérer !

Puis arrive… notre quarante-neuvième anniversaire, celui qui nous sépare dans douze mois de notre demi-centenaire ! C'est avec grande nostalgie que nous soufflons nos quarante-neuf bougies, tout en restant fiers de faire encore partie du club de la quarantaine, auquel on s'accroche fortement !

Plus les jours défilent, plus nous nous approchons dangereusement et sûrement de la cinquantaine… Et là, deux options s'offrent à nous. Option 1 : ruminer et déprimer. Option 2 : fêter dignement notre demi-siècle avec toute la famille et les amis !

Certains appréhendent avec tristesse ce passage, ressenti comme un pas supplémentaire vers la « vieillesse ». D'autres l'envisagent avec joie, d'une part comme l'accomplissement de cinquante ans de vie et de construction de grandes et belles choses, et d'autre part comme l'opportunité extraordinaire de se réaliser sur les cinquante années à venir, où tout est encore permis et possible !

Quel que soit votre âge actuel, mais aussi les épreuves que vous avez traversées et vaincues dans votre vie, il est temps maintenant de penser à vous, à votre bien-être, à vos envies, à vos rêves. Que vous soyez quadragénaire, nouveau membre du club des 50 ou que vous franchissiez dignement le seuil bien mérité de la retraite, tout est encore réalisable, différemment et dans la mesure du raisonnable ! La preuve, je viens de concrétiser un de mes vieux rêves en écrivant ce livre pour vous !

Ne renoncez pas… Il suffit de réveiller l'enfant qui est en vous afin de le laisser à nouveau s'exprimer, s'amuser, se projeter dans de nouveaux défis, le libérer de ses tensions, de ses peurs et de ses doutes, l'aider à transformer ses croyances limitantes en une vision du monde positive et en une formidable énergie.

Ce ne sont pas quelques déceptions et encore moins quelques cheveux blancs, quelques rides, quelques rondeurs ou encore cette coquine d'arthrose… qui doivent vous faire renoncer à faire de nouvelles choses, à bouger, à vous surpasser, à explorer, à voyager, à donner du sens à votre existence et un **NOUVEL ÉLAN** à votre vie !

« Lorsque je suis allé à l'école, ils m'ont demandé ce que je voulais être lorsque je serai grand. J'ai répondu "heureux". Ils m'ont dit que je n'avais pas compris la question, j'ai répondu qu'ils n'avaient pas compris la vie. »

John Lennon

MODE D'EMPLOI

COMMENT UTILISER CE LIVRE ?

Cet ouvrage a été conçu pour être à la fois un élément d'apprentissage et une base de réflexion. Il peut être considéré comme un livre et un cahier, comme un journal de bord, un journal intime, un ami à qui vous pouvez tout dire et vous confier. Il ne peut appartenir qu'à une personne, à **VOUS** !

C'est la raison pour laquelle vous y trouverez des exercices, des quiz à réaliser et des pages à compléter. Tout vous sera expliqué au fur et à mesure de votre avancée. Je vous invite cependant à vous munir, lors de votre lecture, d'un stylo et d'un correcteur blanc, car souvenez-vous, rien n'est jamais figé et tout est en perpétuelle évolution ! Un surligneur vous sera également utile pour mettre en évidence tout élément marquant votre attention, pour l'ancrer davantage en vous. Et surtout, adoptez un bon état d'esprit et un regard neutre sur ce que vous allez lire, découvrir, apprendre et comprendre. Au cours de votre vie, vous avez acquis beaucoup d'expériences et de connaissances, des informations qui au fil du temps se sont gravées en vous, que l'on appelle plus communément « croyances », « références ». Mais pour que ce livre ait un intérêt, qu'il soit l'occasion d'évoluer vers quelque chose de mieux, de plus positif pour vous, il est indispensable que vous l'abordiez avec :

- **un esprit ouvert ;**
- **la curiosité de l'enfant et l'audace de l'adolescent ;**
- **le désir de découvrir et d'apprendre de nouvelles choses, d'améliorer votre quotidien ;**
- **l'envie de changer certaines habitudes négatives et néfastes en d'autres habitudes positives qui vous rendront la vie plus sereine, plus belle et plus longue !**

Je vous invite à prendre votre temps pour parcourir ce livre, à voyager à travers ces pages, à faire des aller-retours. Autorisez-vous à l'abandonner pour mieux le retrouver si vous en éprouvez le besoin ou l'envie. Après tout, bien vieillir c'est aussi savoir être à l'écoute de soi et prendre le temps de vivre, non ?

Vous aurez peut-être l'impression, parfois, que certains chapitres ou exercices se répètent. Ce ne sera pas uniquement une impression, mais la juste réalité ! Cela fera partie du cheminement. Ne perdons pas de vue que c'est dans la répétition que se fait l'intégration. Enfant, combien de fois avons-nous dû écrire le même mot, répéter la même phrase, faire le même geste pour l'intégrer ? Tout au long de notre vie, la répétition a été la clé de l'apprentissage et de l'acquisition.

Tout est finalement minutieusement réfléchi pour vous guider au mieux et vous permettre de développer de nouvelles facultés.

CET OUVRAGE S'ADRESSE

- à tous les « jeunes » qui vont franchir le cap de la cinquantaine ;
- aux **50-60 ans** qui souhaitent donner un nouvel élan à leur vie ;
- aux bienheureux **futurs retraités** et à tous ceux qui ont déjà la chance de « retraiter » leur quotidien !

CE GUIDE COMPLET COMPREND

- un **guide** de bien-être ;
- des **quiz** et des **exercices** adaptés ;
- des **séances audio de sophrologie** accessibles en scannant les **QR codes** ou en saisissant **les adresses URL** dans votre navigateur web.

Cet accompagnement en **7 pas** bien définis respecte une suite logique. Pour vous repérer plus facilement, vous trouverez tout au long de ce guide des **symboles** qui vous aideront à visualiser les différentes parties (voir page suivante).

Actions
& Défis

Réponses &
BIEN PLUS

Journal
DE BORD

QUIZ

SÉANCE
AUDIO

Astuces
& Conseils

EXOS
Bien-être

LES SÉANCES AUDIO DE SOPHROLOGIE

Je suis certaine que parmi vous de nombreuses personnes ont déjà eu l'occasion de découvrir ou de pratiquer la sophrologie, en individuel ou en collectif. Alors, pourquoi avoir inclus des séances audio de sophrologie dans ce livre ? Quels sont les principes et objectifs de cette méthode ? Et en quoi sera-t-elle une aide précieuse pour vous ?

Pour vous accompagner au mieux, il me semblait judicieux de joindre à ce livre des **séances de sophrologie** adaptées à chaque pas. Elles sont à pratiquer à votre rythme, tranquillement sur votre lieu de vie (ou de travail), seul ou en famille, avec des collègues ou des amis.

CONSIGNES À SUIVRE AVANT D'ÉCOUTER LES SÉANCES DE SOPHROLOGIE

1. Avant de commencer, je vous invite à donner congé à votre téléphone ; lui aussi mérite bien un moment de répit ! Vous ne croyez pas ? Car ces moments de bien-être vous appartiennent et ne doivent en aucun cas être parasités par des éléments extérieurs qui viendraient les gâcher.

2. Prenez le temps de vous installer dans un lieu propice à la sérénité et au relâchement, un endroit au calme où vous serez assuré de ne pas être dérangé au cours de votre séance.

3. Je vous suggère de ne pas écouter vos audio à un volume trop élevé. Trouvez pour vous le volume adéquat, un volume apaisant et confortable qui vous permettra de bien lâcher prise, vous détendre, vous relaxer.

4. Autorisez-vous à fermer les yeux pendant vos séances si cela reste confortable pour vous, afin de vous offrir plus de lumière intérieure, favoriser le relâchement et la visualisation.

5. Pendant les séances, vous rencontrerez différents temps de silence. Cela est tout à fait normal. Ne vous souciez pas du temps, je m'en occupe pour vous. Ces silences sont calculés afin de vous laisser le temps nécessaire pour intérioriser et vivre vos exercices en toute liberté, sans vous laisser envahir par des sons extérieurs, par ma voix.

6. Respectez bien vos limites, votre corps et vos ressentis. Si certains exercices éveillent en vous des douleurs ou des tensions, ou s'ils sont difficiles pour vous à pratiquer, dans ce cas ne vous les imposez pas, et à la place revenez tranquillement à votre respiration.

7. Laissez librement venir à vous les bâillements, ne les réprimez pas. Ils se présentent à vous pour vous aider à vous détendre et sont le signe que le relâchement prend place en vous.

8. Si au cours de vos exercices de respiration vous ressentez un léger inconfort, tel que la sensation d'avoir le tournis par exemple, c'est peut-être que votre diaphragme et votre plexus solaire sont un peu tendus par le stress, des émotions ou des tensions accumulées, diminuant ainsi la fluidité de votre respiration. Si cela vous arrive, acceptez cet état du moment, et stoppez un instant votre exercice pour retrouver votre respiration habituelle, calmement, tout en douceur. Vous constaterez, au fur et à mesure de votre pratique, que les exercices deviendront de plus en plus confortables pour vous.

9 Si pendant vos temps de visualisation rien ne vous vient, il n'y a aucun problème. Portez alors votre attention sur votre respiration ou appréciez tout simplement l'instant présent, de ne rien faire, de suspendre l'action encore un instant.

10 Si pendant votre séance, vous « décrochez », c'est-à-dire que vous perdez le fil de mes paroles, ou que vous vous endormez un moment, pas de soucis ! Ne revenez surtout pas en arrière ! Acceptez-le, c'est que votre corps avait ce besoin-là au moment de votre écoute. Profitez de votre sieste et reprenez votre séance une autre fois !

11 En état de relaxation et de détente, des émotions de tristesse peuvent parfois se libérer. Alors, si des larmes montent à vos yeux, si vous sentez la tristesse prendre place, acceptez cet état sans vous juger ni analyser le « pourquoi du comment ». Laissez être ce qui est. Cette émotion devait sortir, et elle a choisi ce moment de lâcher-prise, propice à sa libération. Dans ce cas, stoppez votre exercice, si cela est plus confortable pour vous, et revenez dans votre temps présent, en lien avec votre respiration.

SÉANCE N° 1

Suspendre le temps

Adresse URL : https://www.mangoeditions.com/ressources/MN32585_50_ans/index.php?audio=1
Durée : 35 minutes
Position : assise ou couchée
Objectif : vous offrir un profond relâchement de chaque partie de votre corps, du haut du crâne jusqu'au bout des orteils !
Au programme : détente, lâcher-prise, relaxation
Consigne particulière : accueillez le risque de vous endormir !

SÉANCE N° 2

Voyage au cœur de ma respiration

Adresse URL : https://www.mangoeditions.com/ressources/MN32585_50_ans/index.php?audio=2

Durée : 29 minutes

Position : assise de préférence, mais possibilité de réaliser cette séance debout ou coucher

Objectifs : expérimenter vos différentes respirations, pour mieux vous les approprier. Vous libérer des tensions et des douleurs ; vous apporter plus de relâchement et de bien-être.

Au programme : voyage à travers vos trois étages respiratoires, détente corporelle et mentale, expérimentation de l'exercice 3/2/5/2.

Consignes particulières : comme évoqué dans les consignes ci-dessus, si vous ressentez un inconfort lors de vos respirations, une sensation de « tournis », alors stoppez un instant votre exercice pour revenir à votre respiration naturelle, et portez votre attention sur vos appuis au sol.

SÉANCE N° 3

Ma bulle de décompression

Adresse URL : https://www.mangoeditions.com/ressources/MN32585_50_ans/index.php?audio=3

Durée : 29 minutes

Position : debout

Objectif : découvrir quelques exercices simples et facilement reproductibles à tout instant de la journée, pour lâcher la pression et la fatigue, libérer les tensions physiques et mentales et relancer votre énergie.

Au programme : relaxation dynamique, dans le mouvement. Marche sur place, ancrage, libération du cou et de la nuque, enroulement du dos et rotations axiales.

Consignes particulières : si la position debout devient inconfortable durant la séance, n'hésitez pas à vous asseoir entre les différents exercices. Si votre état de santé ne vous permet pas de pratiquer cette séance debout, par rapport à un handicap, n'hésitez pas à adapter à vos possibilités, tout en préservant votre cadre de confort (vos limites).

SÉANCE N° 4

Me préparer positivement à une situation stressante

Adresse URL : https://www.mangoeditions.com/ressources/MN32585_50_ans/index.php?audio=4

Durée : 31 minutes

Position : assise ou debout de préférence

Objectifs : éveiller vos ressources et votre confiance. Vous préparer physiquement, émotionnellement et mentalement à une situation potentiellement stressante à laquelle vous souhaitez apporter des réponses, des solutions.

Au programme : détente musculaire et visualisation positive

Consignes particulières : avant de commencer votre séance, vous pouvez réfléchir à la situation sur laquelle vous souhaitez vous préparer. Cependant, pour vous familiariser tout en douceur à cet exercice, je vous suggère de prendre dans un premier temps, une situation peu complexe ou anxiogène. Pour cela, choisissez une situation, qui éveille en vous des doutes ou du stress, mais qui est néanmoins assez légère, pas trop chargée émotionnellement.

SÉANCE N° 5

Mon doudou d'humour

Adresse URL : https://www.mangoeditions.com/ressources/MN32585_50_ans/index.php?audio=5

Durée : 26 minutes

Position : assise ou debout

Objectifs : éveiller en vous la joie de vivre, la bonne humeur et le rire. Développer votre capacité à lâcher prise, à relativiser et à prendre du recul sur les choses et les évènements.

Au programme : détente musculaire, visualisation positive, sourire et rire !

Consigne particulière : attention à ne pas trop rire si vous venez de subir une opération de l'abdomen de moins de trois mois ou si vous souffrez de maladie cardiaque importante…

SÉANCE N° 6

À la rencontre de ma vie idéale

Adresse URL : https://www.mangoeditions.com/ressources/MN32585_50_ans/index.php?audio=6

Durée : 25 minutes

Position : assise de préférence

Objectifs : éveiller l'envie de vous réaliser, de vous projeter dans un futur qui fait sens, dans de nouveaux projets de vie ou tout simplement donner à votre cerveau et à votre corps un de nos carburants indispensables : l'espoir !

Au programme : détente musculaire, visualisation positive et rêverie

Consigne particulière : RAS

SÉANCE N° 7

Mon moment cocooning

Adresse URL : https://www.mangoeditions.com/ressources/MN32585_50_ans/index.php?audio=7

Durée : 35 minutes

Position : assise ou couchée

Objectif : vous offrir un profond relâchement, de chaque partie de votre corps, du haut du crâne jusqu'au bout des orteils !

Au programme : détente, lâcher-prise et relaxation

Consigne particulière : accueillez le risque de vous endormir !

SÉANCE N° 8

Bonus musical

Adresse URL : https://www.mangoeditions.com/ressources/MN32585_50_ans/index.php?audio=8

Durée : 4 minutes

Position : assise, debout ou couchée

Objectifs : vivre un pur moment de bonheur pour vos oreilles... Mais aussi expérimenter divers exercices intégrés au cours de ce programme, en toute autonomie, sur des sons cristallins qui invitent à la sérénité et à l'évasion.

Consigne particulière : RAS

1 La sophrologie a vu le jour dans les années :

1950 ◯ 1960 ◯ 1970 ◯ 1980 ◯ 1990 ◯

2 La sophrologie est une méthode de relaxation :

OUI ◯ NON ◯

3 Quels sont ses outils ?

La respiration ◯ La visualisation ◯ Le massage ◯

4 La sophrologie réveille en nous :

Le négatif ◯ Le positif ◯ Nos ressources ◯

5 Cette méthode est pratiquée dans le domaine :

Du sport ◯ De l'entreprise ◯ De la santé ◯ Scolaire ◯

Réponses & BIEN PLUS

1. La sophrologie a vu le jour :

En **1960**. C'est le professeur Alfonso Caycedo, neuro-psychiatre, qui a mis au point cette méthode en s'inspirant de diverses pratiques et techniques occidentales et orientales.

2. La sophrologie est une méthode de relaxation

OUI et NON ! Certes, elle procure détente, bien-être et relâchement, mais elle apporte bien plus que cela ! Étymologiquement, le mot « sophrologie » signifie « étude de la conscience harmonieuse ». *Sos* représente l'harmonie et l'équilibre, *phren* l'esprit et la conscience, et *logos* l'étude. Il s'agit de la prise de conscience de notre corps, de nos sensations, de nos émotions, de nos ressources et de nos pensées, pour mieux s'en libérer ou au contraire mieux les stimuler. Cet entraînement du corps et de l'esprit, associant techniques de relaxation et développement personnel, nous aide à mieux nous adapter aux différentes situations et évènements de notre vie, à vivre notre quotidien avec plus de confiance et de sérénité.

3. Les outils de la sophrologie sont :

La RESPIRATION et la VISUALISATION + la DÉTENTE MUSCULAIRE. Vous aurez l'occasion de découvrir et d'expérimenter ces trois outils au fur et à mesure de votre avancée, à travers des exercices simples et facilement reproductibles en toute autonomie.

4. La sophrologie réveille :

Le POSITIF en nous et dynamise NOS RESSOURCES. Si nous sommes capables de créer du négatif, nous sommes forcément capables de créer du positif ! C'est en quelque sorte une réaction en chaîne, un effet boule de neige. Plus je suis dans un état d'être négatif, plus je vais l'attirer à moi. En revanche, plus je laisse entrer le positif dans ma vie, et plus je dynamise mes ressources pour m'ouvrir à de belles choses. Ce principe est fondamental et fait partie des bases de cette méthode.

5. La sophrologie a trouvé depuis longtemps sa place

Dans le monde du sport (ressourcement, préparation mentale, travail du geste juste, concentration, dynamisation, performance...) mais également dans le secteur de l'entreprise (prévention des troubles psychosociaux, bien-être au travail, gestion du stress, préparation d'objectifs, cohésion, prévention du burn-out...). Elle est aussi de plus en plus présente dans le secteur médical (gestion de la douleur, aide à la guérison, soutien aux aidants...) et dans le milieu scolaire (préparation aux examens, aide à l'orientation, confiance en soi, apprentissage...).

Vous comprenez donc l'importance de partager avec vous ces outils, et la raison pour laquelle ces séances ont toute leur place pour vous accompagner au mieux sur votre **chemin du bien-vieillir** et donner **un nouvel élan à votre vie**. D'ailleurs, la sophrologie est très souvent sollicitée dans différentes actions de prévention destinées aux seniors.

IMPORTANT

Ces séances audio sont une approche de la sophrologie à travers quelques exercices simples accessibles à tous, spécialement sélectionnés pour vous en fonction de la thématique de cet ouvrage, mais ne remplacent en aucun cas des séances individuelles ou collectives, encadrées par un professionnel certifié. La sophrologie ne se limite pas uniquement à ce que vous allez découvrir et expérimenter ici.

PETIT QUIZ DE MISE EN BOUCHE

ESPÉRANCE DE VIE

QUIZ

1. **En combien de périodes pouvons-nous scinder les grands âges de la vie ?**

   1 ○ 2 ○ 3 ○ 4 ○ 5 ○

2. **De combien est l'espérance de vie en France ?**

   78 ans ○ 80 ans ○ 82 ans ○ 85 ans ○

3. **Quel est le pays avec la plus grande espérance de vie ?**

   Australie ○ France ○ Japon ○ Suisse ○

4. **Quel peuple détient le record de centenaires ?**

   Les Okinawaïens ○ Les Hunza ○ Les Crétois ○

5. **En France, quel est le nombre de centenaires en 2023 ?**

   18 000 ○ 21 000 ○ 30 000 ○

6. **Le temps file-t-il plus vite avec l'âge ?**

   VRAI ○ FAUX ○

7. **L'âge que les gens nous donnent représente :**

   L'âge réel ○ L'âge social ○ L'âge ressenti ○

Réponses & BIEN PLUS

1. Au cours de la vie, on distingue :

Trois grandes périodes dans l'évolution de l'âge :

- L'enfance à l'adolescence
- La maturité
- La vieillesse

Chacune de ces périodes représente environ un tiers de notre vie. De 0 à 30 ans, de 30 à 60 ans et de 60 à 90 ans et plus ! Donc bonne nouvelle, quand nous rentrons dans le cercle privilégié des seniors, nous avons presque encore 1/3 de notre vie pour créer de nouveaux projets et nous réaliser !

2. L'espérance de vie en France

L'espérance de vie à la naissance ne cesse de s'accroître au fil des vingt dernières années. Selon l'Insee, en janvier 2024, elle est de 80 ans pour les hommes et de 85,7 ans pour les femmes. Certes, la durée de vie s'allonge, mais vivons-nous pour autant en bonne santé ou malades plus longtemps ?

3. Le pays qui détient la plus grande espérance de vie

Selon l'OMS, ce sont les femmes **japonaises** qui sont en peloton de tête. Les Japonais ont réellement un temps d'avance sur nous en matière de prévention santé et d'approche médicale. À nous d'en tirer des enseignements !

4. Le peuple qui détient le record de centenaires est :

Le **peuple des Hunzas**. Vivant à plus de 2400 mètres d'altitude, au pied de l'Himalaya, ce peuple détient à ce jour la plus grande espérance de vie, avec une moyenne de 110 à 120 ans sans même développer de maladie, et battant des records pouvant aller au-delà de 130 ans…

Quant à elle, la population d'Okinawa (île du Japon) voit aussi son nombre de centenaires augmenter d'année en année. Dans son livre *Okinawa*[1], le docteur Jean-Paul Curtay dévoile leurs secrets : « Une alimentation saine et variée, une propension à rester en mouvement, une perception positive de la vie, de puissants outils de gestion du stress et beaucoup d'humour et de créativité ». Un bon nombre d'ingrédients que vous trouverez dans ce livre !

5. Le nombre de centenaires en France

En 2023, la France comptait 30 000 centenaires (30 fois plus que dans les années 1960-1975), et ce chiffre pourrait atteindre 270 000 en 2070, soit 9 fois plus qu'aujourd'hui ! De quoi nous redonner le sourire, non ? Et bonne nouvelle, vivre vieux et centenaire ne signifie pas forcément être malade, sénile et abandonné dans une maison de retraite. Près d'un centenaire sur deux vit encore à son domicile. J'ai d'ailleurs moi-même eu le bonheur d'en avoir un dans ma famille, mon grand-père paternel, qui nous a quittés à ses 103 printemps ! Pour la petite anecdote, le jour de la grande fête familiale visant à honorer et arroser dignement ses 100 ans, je lui ai demandé son secret. À ma question, il m'a tout simplement répondu : « Mon secret, Sylvie, est de lâcher prise et prendre du recul sur tout ». J'en ai pris bonne note, et je m'applique chaque jour à vivre avec un peu plus de légèreté et d'insouciance. Et je vais me faire un plaisir de partager quelques tuyaux avec vous sur ce sujet !

6. Le temps file-t-il plus vite avec l'âge ?

En effet, il est **VRAI** que notre perception du temps évolue au cours de la vie. Chaque âge et chaque personne perçoit le temps différemment. Mais pourquoi en vieillissant avons-nous le sentiment que les mois et les années passent à vitesse grand V ? De nombreux paramètres pourraient influencer cette perception : nos rythmes biologiques (horloge biologique), nos émotions et souvenirs, la routine et le manque de sollicitation de notre cerveau… Quoi qu'il en soit, que l'on ait 20 ans ou 70 ans, une seconde reste une seconde, une heure reste une heure, alors vivons pleinement notre temps présent !

---

1 *Okinawa*, Docteur Jean-Paul Curtay, Le Livre de Poche, 2008.

7. L'âge que les gens nous donnent représente :

L'âge social. Il est intéressant de distinguer ces trois grandes notions :

- L'âge réel, qui correspond à notre âge physiologique (notre année de naissance).
- L'âge social, qui renvoie à l'âge que les autres nous donnent.
- L'âge ressenti, qui représente celui que nous avons l'impression d'avoir.

La représentation que chacun se fait du temps qui passe et de la vieillesse est donc subjective. À chacun sa propre vision. Cependant, la différence entre l'âge réel et celui ressenti est mesurée chaque année par l'étude SIMM de Kantar Media, qui révèle que l'écart est de 10 à 15 ans. C'est-à-dire qu'en moyenne, par exemple, une personne de 40 ans se sent dans la peau d'un jeune de 25 à 30 ans, ou une personne de 65 ans ressent le fait d'en avoir 50 ou 55 ! Et vous, quelle est votre perception ?

« Vous commencez à vous rendre compte que vous vieillissez quand les bougies coûtent plus cher que le gâteau ! »

Bob Hope

Journal de bord

Pour clôturer ce premier quiz et vous entraîner au mode de fonctionnement de cet ouvrage, je vous invite à faire les deux petits exercices suivants.

JE NOTE :

Mon âge réel (et je ne triche pas !) :

Mon âge ressenti :

L'écart entre les deux est de + ou – années !

J'espère de tout cœur que votre âge ressenti est au moins de 10 à 15 ans de moins que votre âge réel, et non le contraire ! Sinon pas de temps à perdre, il faut inverser la vapeur en poursuivant de suite la lecture de cet ouvrage !

POUR MOI, BIEN VIEILLIR C'EST :

Je vous invite à écrire 5 ou 6 mots, ou 5 ou 6 phrases, qui expriment votre ressenti du moment.

LES GRANDES ÉTAPES

Dolce Vita

Selon une étude réalisée par l'Insee en janvier 2024, plus d'un Français sur quatre a plus de 60 ans (27 % de la population française totale), soit plus du quart de notre population actuelle. Et ce chiffre ne va cesser de progresser dans les années à venir. En Occident, comme nous l'avons vu dans le quiz de mise en bouche, nous considérons que l'évolution à travers les âges est associée aux différentes aptitudes et aux différents comportements, et qu'elle se décompose en trois grandes étapes. Mais dans la société dans laquelle nous vivons, et avec les progrès technologiques, scientifiques, médicaux et autres, il est parfois difficile de s'y retrouver. De nos jours, beaucoup de personnes paraissent, physiquement, 10 à 20 ans de moins que leur âge, et beaucoup d'enfants ou d'adolescents sont bien plus matures et en conscience que bon nombre d'adultes !

Chez les bouddhistes, l'évolution est scindée en quatre périodes, plutôt fondées sur les expériences de vie et ses enseignements :

1. La période d'apprentissage.
2. Celle de la mise en pratique des acquis, et de la fondation d'une famille.
3. L'étape de la transmission aux jeunes générations.
4. Le temps du lâcher-prise, de la préparation au grand départ et au passage d'une vie à une autre.

50 ANS, LE TEMPS DE LA RENAISSANCE

Et si c'était le temps du bonheur ? Si le fait de souffler nos 50 bougies nous pulsait vers une vie plus épanouie ? Et si la vie commençait à 50 ans, comme le chantait Marcel Mouloudji ? Si le fait d'avoir franchi le cap de notre second demi-siècle nous donnait des ailes et une nouvelle énergie créative ?

Je vois déjà parmi vous certains dubitatifs ! Et pourtant, le bien-être en Occident suivrait une courbe en U, que l'on appelle la « courbe du sourire » et qui montrerait que l'âge le plus difficile à vivre serait celui entre 40 et 50 ans, pour atteindre l'extase vers 60 ans. De nombreuses études vont dans ce sens, notamment celle de l'économiste Bert Van Landeghem, qui à partir de données allemandes, anglaises et suisses, constate que « le bonheur commence, ou plutôt recommence clairement après 50 ans » ! De même, David Blanchflower et Andrew Oswald, après avoir étudié les résultats d'une enquête réalisée auprès de 500000 Américains et Européens, confirment que le sentiment de bonheur chute à la fin de la quarantaine pour retrouver toute sa place après 50 ans. Plutôt encourageant, non ?

Bon, OK, je vous l'accorde, la cinquantaine est parfois un cap critique, un véritable chambardement avec beaucoup de remises en question. Mais quand on y regarde de plus près, une fois cette étape (dans certains cas un peu houleuse) passée, un très grand nombre de quinquagénaires se disent bien plus épanouis et heureux que durant les vingt années précédentes. Alors, si vous venez de fêter votre cinquantième anniversaire, surtout ne déprimez pas ! Au contraire, réjouissez-vous d'aborder ce nouveau virage où de très belles opportunités d'accomplissement et de bonheur s'offrent à vous. Et rassurez-vous, vous n'êtes pas seul car bientôt la tribu des quinquas sera la plus largement représentée. Saviez-vous que dans notre pays, en 2023, toutes les 61 secondes, une personne soufflait ses 50 bougies ? Je vous laisse faire le calcul du nombre de quinquas par an et vous verrez que vous vous sentirez soudainement moins seul pour traverser cette épreuve ! Pour beaucoup, cette période de la vie, ce mi-chemin, est le temps du bilan, de la prise de conscience, des remises en question, d'un retour vers « l'essentiel » : l'âge de l'équilibre et de tous les possibles, une maturité qui permet de prendre de l'altitude sur notre vie, nos envies, nos aspirations.

Déjà un demi-siècle sur Terre ! Et sur ces 50 années, nous venons de donner entre 20 et 30 ans de notre vie à notre travail et aux autres, notamment à nos enfants. Leurs emplois du temps et leurs besoins rythmaient nos journées, au point même parfois d'avoir oublié que nous aussi avions des besoins, des envies, des choses à vivre et à réaliser ! Chaque jour fut un véritable marathon. Et si par chance nous avons pu bénéficier de nos mercredis, cette journée de détente se transformait vite en une course contre la montre. Chaque minute était calculée pour pouvoir emmener l'aîné à ses cours de code, le cadet au karaté et la benjamine au cours de dessin, puis rebelote, on refait un tour de piste, on accompagne le cadet à ses cours de soutien, l'aîné à la musique et la benjamine à son rendez-vous chez l'orthodontiste…

Bon, j'exagère, me direz-vous ! Pas tant que ça ! N'avez-vous pas eu l'impression ces dernières années de courir après le temps, de mener de front famille et carrière, de donner beaucoup de votre énergie pour le bien-être et le bonheur de vos proches, des personnes qui vous sont chères ? Ne les avez-vous pas bichonnées, choyées, aimées, cocoonées ?

Certes, que du bonheur, je vous l'accorde. Mais voyez-vous, la vie est bien faite et il y a un temps pour tout : un temps pour apprendre et un pour expérimenter, un temps pour semer et un pour récolter, un temps pour donner et un pour recevoir, un temps pour naître et un pour « renaitre ». Le moment est peut-être arrivé d'impulser un NOUVEL ÉLAN à votre vie, de nouvelles saveurs à votre existence, de créer de nouveaux projets, de dessiner la vie qui vous ressemble et qui paraît juste pour vous.

De nombreux quinquas prennent un nouveau départ, se lancent de nouveaux défis personnels et professionnels, changent de secteur d'activité, refont une formation, reprennent des études, ouvrent leur propre entreprise… C'est le temps où tout est encore possible. Il n'y a pas de limite d'âge pour se réaliser ; l'envie profonde et la motivation sont les seuls ingrédients nécessaires à la réalisation de soi. Et la cinquantaine est l'âge propice à cette réalisation.

50 ANS, UNE VÉRITABLE RÉVOLUTION

Bien que la cinquantaine soit une véritable invitation au bonheur, nous sommes tous d'accord pour dire que c'est également une révolution, un chambardement aussi bien physique qu'émotionnel. Au cours de cette étape de grands bouleversements, nos repères sont mis à rude épreuve, car qui dit « changement » dit « insécurité ». Les nouveaux projets offrent beaucoup d'énergie et de joie, mais la peur de l'inconnu éveille aussi parfois angoisses, doutes et incertitudes. Nous savons avec plus de précision ce que nous voulons (ou tout du moins ce que nous ne voulons plus), mais il peut être difficile de savoir comment amorcer ces changements en toute confiance et sérénité, comment franchir le pas.

De plus, la cinquantaine est également une période de vie où nous sommes encore sur tous les fronts. Toujours professionnellement actifs et souvent avec des postes à responsabilités, nous devons continuer à jongler entre notre vie professionnelle et familiale. Les enfants prennent petit à petit leur envol pour plus d'autonomie, mais demandent encore de l'attention et du temps, auxquels vient s'ajouter, les années passant, la charge de nos parents vieillissants. Les rôles s'inversent alors progressivement. Se rendre disponible pour ses enfants et son conjoint, accompagner ses parents, et être performant au travail relèvent d'un véritable challenge. Et même si à 50 ans nous sommes toujours dans une belle énergie, n'oublions pas que nous n'avons plus 20 ans ! Le corps est plus sujet à l'épuisement et met davantage de temps à récupérer ; chaque source de stress supplémentaire ralentit notre rythme et notre vitalité. Sans compter cette chipie de ménopause (ou d'andropause !) qui vient chambouler quelque peu notre équilibre. C'est l'âge également où les premiers soucis de santé plus importants peuvent apparaître, celui du détachement et parfois du deuil (des enfants qui quittent le nid, décès possible des parents ou autres personnes chères à notre cœur).

Il est donc fondamental, pour bien amorcer ce virage de la vie, d'apprendre à :

- se préserver, se ressourcer, être à l'écoute de soi ;
- prendre soin de soi et respecter son équilibre ;
- se créer de véritables sas de décompression ;
- se libérer du stress et mieux gérer ses émotions ;
- développer sa confiance en soi ;
- modifier sa perception sur les évènements ;
- développer sa capacité d'adaptation ;
- se projeter avec confiance vers le changement.

« Dans 20 ans, vous serez plus déçu par les choses que vous n'avez pas faites que par celles que vous avez faites. Alors sortez des sentiers battus. Mettez les voiles. Explorez. Rêvez. Découvrez. »

Mark Twain

LE TEMPS DE « RETRAITER » SA VIE !

Certains attendent la retraite depuis des années (Je vais enfin avoir du temps pour réaliser telle ou telle chose, prendre soin de moi, déménager à la mer ou à la montagne, voyager, vivre…), et d'autres au contraire la redoutent : peur de s'ennuyer, de devenir inutile, de déprimer, de tourner en rond, de ne pas réussir à donner sens et saveur à ses journées, de se sentir seul, de faire face aux années qui passent... Chacun a sa propre opinion sur le sujet, sa propre perception. Et pourtant partir à la retraite ne signifie pas pour autant être inutile, inactif et isolé !

Après toutes ces longues années de loyaux services auprès de votre employeur, vos clients, vos collègues... où votre vie a été réglée heure par heure, voire minute par minute, par « Monsieur TEMPS », le moment est enfin arrivé de mettre votre montre au placard et de prendre le temps de vivre, de laisser naître des projets, de peindre avec enthousiasme et bonheur le nouveau tableau de votre vie. Pas si simple, me direz-vous ! Oui, pas si simple de quitter le monde des actifs, nos habitudes bien rodées, un cercle social, des responsabilités, un rôle, une place… La retraite, qu'elle soit choisie ou imposée, est un des plus grands changements de vie, une épreuve, une transition très importante où l'on se sent partagé entre des sentiments de joie et de liberté, et d'autres de peur et d'appréhension. Elle symbolise la fin de la vie professionnelle avec son lot de plaisirs et d'échanges, mais aussi de contraintes d'horaires, de rythmes, de résultats, de journées trop remplies avec des plannings souvent dictés. Elle marque le commencement d'une nouvelle étape de vie, où tout est à créer, même sa façon de vivre ! Pas facile d'ailleurs de s'adapter d'un seul coup à tout ce temps libre qui vient bouleverser nos repères. Il est normal de vouloir profiter pleinement, mais en même temps il est fondamental de s'habituer en douceur à ce nouveau rythme de vie pour ne pas tomber dans les excès tels que l'inactivité ou l'hyperactivité. Ce changement de vie peut déstabiliser et éveiller des angoisses, la sensation de ne plus être utile, la perte identitaire et sociale. Qui suis-je en dehors de ma fonction professionnelle ? C'est la raison pour laquelle la première année est parfois dite de « tous les dangers ». C'est tout à fait compréhensible et légitime. Il est important d'accepter cette étape d'adaptation, pour pouvoir y répondre pleinement.

Il n'y a pas de bonne ou de mauvaise façon de vivre sa retraite, à vous de trouver la vôtre, mais surtout autorisez-vous à « laisser le temps au temps » !

Comme tout changement, ce qui est difficile est de renoncer à des choses, à des habitudes, des rituels, des acquis. C'est renoncer à la sécurité pour rentrer dans l'insécurité, l'inconnu. Cela dit, nous ne pouvons évoluer et changer sans perdre une chose au profit d'une autre. Voilà pourquoi il est important de se préparer au changement, tel un sportif de haut niveau se prépare à sa compétition. Plus on anticipe, plus on se crée des images et des représentations positives, et plus cette étape de la vie se fera sereinement, avec confiance et succès. La retraite implique un changement dans notre façon de fonctionner et de penser : porter un nouveau regard sur soi, sur son couple, sur les autres, sur le monde, sur la vieillesse, sur le passé, le présent et l'avenir.

Trois ingrédients sont indispensables pour bien vieillir : la curiosité de l'enfant, l'audace de l'adolescent et l'expérience de l'adulte. Le moment est arrivé pour vous de revenir sur vos propres besoins, vos valeurs, vos centres d'intérêt, vos envies, vos désirs. Autorisez-vous à partir à la reconquête.

N'est-ce pas là au final tout le sens du mot « retraite » ? N'est-ce pas ça, l'objectif de cette période de vie ? N'est-ce pas l'opportunité de « retraiter » votre passé, votre parcours, vos compétences, vos talents et vos rêves, mais surtout de transmettre vos richesses, vos expériences, vos savoir-faire et savoir-être ? Grand nombre de retraités, à l'heure actuelle, décident de mettre leurs expériences et leurs compétences au profit d'autrui. Certains retravaillent à leur compte en montant différentes petites entreprises, d'autres partagent leur savoir au sein d'associations diverses ou encore font du bénévolat pour des causes qui leur sont chères. Dans tous les cas, l'entrée dans la retraite est une période de grands chambardements qui occasionnent souvent déséquilibre et tâtonnement, d'où l'intérêt de bien préparer ce passage en amont, voire de l'anticiper sur plusieurs années. Il s'agit aussi d'apprendre à gérer ses émotions et le stress que ces changements peuvent engendrer, savoir se réapproprier le temps, développer sa capacité d'adaptation et sa confiance en soi et en la vie, stimuler le lien social et relationnel, se projeter dans de nouveaux projets de vie avec envie et enthousiasme.

L'ÊTRE HUMAIN, QUELLE MERVEILLEUSE CRÉATION !

Bonjour mon corps,

« C'est à toi que je veux dire, aujourd'hui, combien je te remercie de m'avoir accompagné depuis si longtemps sur les multiples chemins de ma vie. Je ne t'ai pas toujours accordé l'intérêt, l'affection ou simplement le respect que tu mérites. Souvent, je t'ai même ignoré, maltraité, matraqué de regards indifférents, de silences pleins de doutes, de reproches violents (...)
Et aujourd'hui, au mitan de ma vie, je te découvre un peu ému, avec tes cicatrices secrètes, avec ta lassitude, avec tes émerveillements et avec tes possibles (...)
Je me surprends à t'aimer avec des envies de te câliner, de te choyer, de te donner du bon. J'ai envie de te faire des cadeaux uniques, de dessiner des fleurs sur ta peau, de t'offrir du Mozart, de te donner les rires du soleil, ou de t'introduire au cœur même du rêve des étoiles (...)
Mon corps, maintenant que je t'ai rencontré, je ne te lâcherai plus... Nous irons jusqu'au bout de notre vie commune et quoiqu'il arrive, nous vieillirons ensemble. »

Extraits de « Lettre à mon corps »[2] de Jacques Salomé

2 *Lettres à l'intime de soi*, Jacques Salomé, Albin Michel, 2011.

UN CORPS PHYSIQUE

Merci à Jacques Salomé pour cette lettre à son corps pleine d'émotion, de pureté et de vérité. Notre corps nous accompagne au fil des âges, et est en perpétuelle évolution depuis notre conception. Là aussi, rien n'est figé, tout se transforme, et il faut l'accepter. Les rides, les rondeurs, les petites douleurs, les raideurs, les pauses siestes qui s'imposent de plus en plus souvent… font partie de notre évolution dans le temps. Le processus de vieillissement reste inéluctable et il est bien normal que notre corps, sollicité depuis des années, montre des signes de fatigue et de dysfonctionnement. Mais là, à nouveau, soit je vois mon corps vieillissant comme une enveloppe défraîchie qui ne me satisfait plus et que je rejette, soit je le vois avec les yeux de l'amour et plein de reconnaissance pour toutes ces années de bons et loyaux services, comme l'évoque si brillamment et poétiquement Jacques Salomé. Il est parfois difficile de voir notre corps changer, car comme nous l'avons vu précédemment, notre perception entre notre âge réel et notre âge ressenti est souvent bien différente. On se sent généralement l'âme d'adolescent mais dans un corps de grand-parent, ou bien l'esprit d'un trentenaire dans un corps de cinquantenaire ! Ce qui peut engendrer certaines frustrations ! De plus, les transformations physiques liées à l'âge peuvent éveiller en nous des peurs tout à fait légitimes, telles que celles d'être rejeté, d'être seul, de tomber malade, de mourir et de quitter les personnes que l'on aime…

Avec le temps, notre corps physique, plus fatigué et usé, peut devenir plus souffrance que plaisir. Nos articulations rouillent au fil des années et notre cerveau nous joue parfois des tours ! Mais devons-nous pour autant le négliger ? l'abandonner ? le maltraiter ou le renier ? Le corps vieillissant amène avec lui son lot de souffrances physiques, émotionnelles et psychiques, mais porter sans cesse notre regard sur ce qui ne va pas, sur ce qui n'est plus, sur ce que l'on a perdu, va accentuer le problème.

Bien vieillir passe par l'acceptation de ces transformations, mais aussi par les différentes **prises de conscience sur nos habitudes néfastes ou bénéfiques pour notre santé physique**. Il est de notre responsabilité de respecter mon corps, de prendre soin de lui (notre type d'alimentation, nos boissons, notre hygiène de vie…), d'être à son écoute, de le bichonner et de l'aimer !

MON CORPS, C'EST :

- **37 200 milliards de cellules**, dont **200 types** différents.
- **86 à 100 milliards de neurones** dans mon cerveau.
- Je suis capable de reconnaître **1 000 milliards d'odeurs** et **10 millions de couleurs** différentes.
- **96 500 kilomètres** de vaisseaux sanguins.
- Et **100 800 battements** de cœur par jour !

DES ÉMOTIONS

Dans notre société, parler de nos émotions est souvent difficile. Il est vrai que dans certaines familles, en fonction de l'éducation reçue, montrer ses émotions peut être considéré comme un signe de faiblesse. De même les fous rires peuvent être vus comme un signe de démence ou de folie inquiétante ! La peur de se dévoiler, d'être jugé, incompris ou rejeté se retrouve dans notre culture. Nous avons du mal à nous avouer que l'on peut avoir peur ou ressentir de la tristesse, et plus de mal encore à l'avouer aux autres, même parfois à notre entourage proche, aux personnes qui partagent notre quotidien et qui nous sont intimes.

Dans ce monde où nous devons être de plus en plus forts, où les exigences sont de plus en plus élevées, où la performance est omniprésente, nous en oublions nos propres besoins fondamentaux. Et quel dommage, car **nos émotions sont loin d'être nos ennemies**, bien au contraire ! Il n'y a aucune faiblesse à les montrer et à les exprimer. Toutes nos réactions émotives **sont là pour nous aider à nous adapter**. Elles nous informent continuellement sur la situation dans laquelle nous sommes, sur notre état intérieur et notre manière de réagir pour avancer et nous sentir plus vivants. Elles représentent notre « météo intérieure », notre état d'être du moment. Elles sont tout simplement nos guides, nos messagers. Savoir les écouter, les comprendre et les interpréter est une grande richesse. Et plus nous avançons dans l'âge, plus elles fluctuent, plus nous y sommes sensibles, plus elles nous traversent. Nous pouvons passer de la joie à la tristesse en un rien de temps, du rire à la colère en un instant. Ce n'est pas l'émotion elle-même qui nous pose difficulté, mais ce que nous en faisons. C'est le fait de lutter contre elle qui pose problème. Si nos émotions sont bloquées, c'est là que nos réponses seront sans contrôle et souvent trop extrêmes. Il est dommage de se couper de nos émotions, car être à leur écoute, les ressentir, les comprendre, les accepter, permet d'une part de mieux les exprimer, les partager et les vivre, et d'autre part de se sentir plus vivant, compris, plus en lien avec les autres et avec le monde. D'après vous, quels sont leurs messages, leurs déclencheurs et leurs besoins ?

Journal DE BORD

Je vous invite à faire ce petit jeu qui consiste à choisir **pour chaque émotion son** DÉCLENCHEUR **et son** BESOIN.

Prenons l'exemple de la colère : elle est déclenchée en moi chaque fois que je ressens

et j'ai besoin de pour la libérer.

LISTE DES DÉCLENCHEURS : danger, injustice, plaisir, perte, irrespect.

LISTE DES BESOINS : amour, sécurité, partage, réparation.

À VOUS DE JOUER !

Les réponses figurent en fin de ce chapitre (page 56).

LA COLÈRE est déclenchée chaque fois que je ressens une

ou un et j'ai besoin de

LA JOIE est déclenchée chaque fois que je ressens du

et j'ai besoin de

LA TRISTESSE est déclenchée chaque fois qu'il y a une

et j'ai besoin d'

LA PEUR est déclenchée chaque fois que je ressens un

et j'ai besoin de

DES PENSÉES

Savez-vous combien de pensées nous avons en moyenne par 24 heures ? Selon différentes études en neurosciences, nous aurions des milliers de pensées par jour. Parmi elles 70 à 80 % seraient des pensées inconscientes dont 98 % seraient les mêmes qu'hier. De plus, 30 % seulement seraient conscientes, et c'est sur cette minorité que nous pouvons agir. Nous pouvons apporter des changements uniquement sur les pensées conscientes. Chacune d'entre elles peut être négative, positive ou neutre et a un réel impact sur notre vie. Nos pensées influencent notre état d'être et nos perceptions.

C'est d'abord dans nos pensées que s'instaure la vieillesse. Mais comme nous allons le voir au cours de cet ouvrage, il est possible à tout instant de modifier nos pensées, nos croyances, notre perception de soi, des choses et des évènements. Pour une même situation, je peux soit l'aborder en me focalisant sur les problèmes qu'elle engendre, soit au contraire la dédramatiser en prenant du recul et en portant mon regard plutôt sur les solutions à mettre en place. Dans le premier cas, la problématique va s'amplifier et s'accentuer en laissant, en plus, des traces de stress dans le corps, mais dans le second cas, la situation stressante va diminuer d'intensité, voire se résoudre, nous apportant alors plus de sérénité et de confiance.

Comme nous le verrons, **notre cerveau est « informable » et « déformable »** à tout moment, et les techniques de visualisation sont d'une aide fort précieuse dans ce processus de transformation et de perception.

DES RESSOURCES

Vous ne pouvez pas vous imaginer le nombre de ressources que l'être humain possède en lui ! Nous avons toujours le sentiment de ne pas être capables, de ne pas avoir les qualités ou les capacités pour réussir, pour nous adapter à des situations nouvelles ou compliquées à nos yeux. Et pourtant, si vous faites un arrêt sur image, et que vous prenez quelques minutes pour penser et visualiser tout ce que vous avez déjà appris, acquis, réussi et surmonté dans votre vie, vous prendrez conscience que **votre capital ressource est énorme**. Je parle aussi bien de vos ressources corporelles (physiques), émotionnelles (savoir-être), compétences (savoir-faire) que de vos ressources mentales et spirituelles. Nous avons tout en nous pour surmonter de très nombreuses épreuves et vivre pleinement notre vie le plus longtemps possible. Nos qualités font partie de notre patrimoine (génétique et acquis) et représentent nos points d'ancrage, nos piliers sur lesquels s'appuyer. **Nous sommes capables de grandes choses si nous y croyons et si nos pensées sont claires et positives.**

Chacun de nous a développé des qualités de savoir-faire et de savoir-être différentes, selon notre éducation, notre histoire, notre environnement, nos épreuves... Une fois développées pour une situation donnée, elles ne demandent qu'à être réveillées et exploitées encore pour répondre au mieux à de nouveaux projets ou changements. Elles permettent de donner le meilleur de nous-même. Combien de fois avez-vous douté de vous ? Mais combien de fois aussi avez-vous dépassé vos limites avec succès ? Bien vieillir, c'est également être capable de voir les forces que l'on possède en nous et surtout apprendre à s'en servir, pour développer la confiance en soi et en la vie !

UN CORPS ÉNERGÉTIQUE

La liste serait incomplète si je n'évoquais pas notre corps énergétique. Êtes-vous d'accord pour dire que toute matière est énergie ? L'être humain ne déroge pas à cette règle et possède plusieurs corps appelés « champs énergétiques » ou « corps énergétiques », constitués de sept couches : corps physique, éthérique, émotionnel, mental, causal, supramental et divin. Ces sept couches ont chacune une fréquence vibratoire et énergétique propre, et sont reliées à nos sept centres énergétiques appelés « chakras », qui sont de manière simplifiée :

1. Le **chakra racine** : situé au niveau du coccyx, il représente notre fondation, notre ancrage. Il nous relie à la Terre.
2. Le **chakra sacré** : situé sous le nombril, il représente notre capacité à créer, à nous adapter, à accepter le changement.
3. Le **chakra du plexus solaire** : situé dans la région de l'estomac, il représente la confiance en soi et l'estime de soi.
4. Le **chakra du cœur** : situé juste au-dessus du cœur, il représente notre capacité à aimer et à être aimé, à se lier.
5. Le **chakra de la gorge** : situé au niveau de la gorge, il représente notre capacité à communiquer.
6. Le **chakra frontal** : situé sur le front entre les deux yeux (le troisième œil), il représente l'intuition, l'imagination, la sagesse, la capacité à penser et à prendre des décisions.
7. Le **chakra couronne** : situé sur le sommet de la tête, il représente notre capacité à nous relier à la Source divine, notre connexion à la spiritualité et au bonheur pur.

Il est important de les harmoniser régulièrement pour permettre à notre énergie de circuler librement afin de préserver notre santé et notre équilibre. Certains exercices de respiration et de visualisation que vous aurez le plaisir de découvrir au cours de votre lecture vous seront d'une aide précieuse pour rééquilibrer, de manière autonome, vos chakras et votre énergie.

CE LIEN INDISSOCIABLE

Notre corps est le véhicule de notre âme, et l'être humain est une merveilleuse création qu'aucun inventeur et scientifique ne saurait reproduire. D'une part, il est encore rempli de mystère et, d'autre part, à la différence d'un robot, il a des sentiments, des ressentis, une âme, une profondeur. C'est la raison pour laquelle j'ai décidé d'évoquer avec vous ces axes (corps, pensées, émotions, ressources) avant de commencer votre cheminement à travers les 7 pas. Car ce qu'il est nécessaire de comprendre, c'est que **tous ces éléments sont étroitement liés**. Nous pouvons affirmer aujourd'hui que **nos pensées** (positives ou négatives) **influent sur notre corps** (notre santé, notre physique, nos gestes, nos attitudes...), que **nos émotions sont engendrées par nos pensées**, de même que **nos pensées influent sur nos émotions et notre vie**.

Que vous ayez 20 ans, 50 ans ou 80 ans, le fonctionnement est toujours le même : **CORPS – ÉMOTIONS - MENTAL** sont étroitement liés et indissociables. Prenons un exemple : si je me dis mentalement que je n'y arriverai pas (pensée), je vais éveiller en moi la peur de l'échec (émotion), et au moment venu je vais bloquer ma respiration (corps), mes ressources ne seront pas activées, ma confiance en moi diminuera, ce qui pourra engendrer échec et stress. Mais au contraire, si je me dis mentalement que j'ai tout pour y arriver (pensée), en éveillant en moi joie et confiance (émotion et sentiment), je serai alors aligné dans une belle énergie (corps), mes ressources seront activées et exploitées, ma confiance en moi augmentera, conduisant à de la sérénité et de la réussite. Pas si simple, me direz-vous ? Eh bien, c'est ce que nous allons essayer de décrypter ensemble pas après pas.

« Un voyage de mille lieues commence par un premier pas. »

Lao-Tseu

Journal DE BORD

Si le cœur vous en dit, je vous invite à faire ces 5 petits exercices maintenant, ou à les laisser en suspens pour y revenir plus tard au gré de vos envies et de vos disponibilités.

1 J'ai un CORPS : LETTRE À MON CORPS

Qu'ai-je envie de dire à mon corps pour le remercier de tous ses bons et loyaux services ?

Mon cher corps, MERCI :

2 J'ai des ÉMOTIONS (ressentis) : MA MÉTÉO INTÉRIEURE

J'écris en 4 ou 5 mots ma météo intérieure, c'est-à-dire comment je me sens là maintenant, au moment où j'écris (en colère, angoissé, joyeux, triste, heureux, détendu, cool, serein, bien…) :

3 J'ai des PENSÉES : LE REFLET DE MON ÊTRE

J'écris 1 à 3 pensées qui traversent mon esprit en ce moment :

La colère est activée en moi chaque fois que je ressens une **injustice**, un dommage, un **irrespect**. J'ai besoin qu'elle soit entendue et réparée (**réparation**).

La tristesse est activée en moi chaque fois que je ressens une **perte** et j'ai besoin de réconfort, de soutien, d'**amour**.

La peur est activée en moi chaque fois que je ressens une insécurité, un **danger**. J'ai besoin alors de **sécurité**.

La joie est activée en moi chaque fois que je ressens du **plaisir**, chaque fois que j'ai le sentiment d'exister. J'ai besoin alors de la **partager**, de la transmettre.

Mais une émotion en entraîne souvent une autre.

Par exemple, si j'ai peur de perdre mon travail, la première émotion activée en moi sera la peur (insécurité financière) qui éveillera peut-être de la colère (injustice, pourquoi moi ?) puis de la tristesse (liée à la perte).

BIEN-VIEILLIR, LES 7 PAS POUR IMPULSER UN NOUVEL ELAN

POURQUOI 7 PAS ?

Pourquoi pas 5, 8 ou 10 ? Y a-t-il une raison spécifique ? En effet, le chiffre 7 est omniprésent : 7 jours de la semaine, 7 notes de musique, 7 couleurs de l'arc-en-ciel, 7 chakras, 7 degrés de conscience, 7 continents, tourner 7 fois sa langue dans sa bouche, le jeu des 7 familles, Blanche-Neige et les 7 nains… Et selon la Bible, Dieu créa le monde en 7 jours !

En numérologie, ce chiffre symbolise un cycle complet. Il représente **le renouveau positif, la connaissance, l'ouverture et la découverte**, mais aussi **la vie intérieure et spirituelle**, l'analyse. On l'associe souvent au chiffre du destin, de la personnalité et de l'âme. Le chiffre **7 est un chiffre magique**, universellement considéré comme celui de la **chance** et du **bonheur**.

7 x 3 = 21

Quésaco ? Que vient faire une formule mathématique en plein cœur de cet ouvrage ? À quoi correspond-elle ?

Le **chiffre 3** n'a pas été choisi par hasard, et comme par enchantement ; la somme de cette multiplication donne également sens à votre cheminement. Le **chiffre 3** est intéressant car il représente les 3 phases et les 3 canaux principaux de l'apprentissage, mais aussi 3 facultés fondamentales de notre esprit.

NOS 3 PHASES DE L'APPRENTISSAGE SONT :

1. La phase d'**acquisition**, qui correspond à la découverte et à l'apprentissage de nouvelles données.
2. La phase de **stockage** des informations.
3. La phase de **récupération et de restitution** de l'information.

Il est important de répéter au moins 3 fois la même chose pour l'intégrer réellement. C'est la raison pour laquelle je vous inviterai souvent à répéter 3 fois les exercices ou à les réaliser pendant 3 minutes : une première fois pour **découvrir** l'exercice, une deuxième fois pour **l'intégrer** (ou ressentir) et une troisième fois pour faciliter dans le temps **sa restitution et son utilisation**.

Utiliser les **3 canaux principaux d'apprentissage** augmente l'intégration : visuel (votre lecture), auditif (vos séances audio de sophrologie), et kinesthésique (vos temps d'écriture).

Quant aux 3 facultés fondamentales de notre esprit, il s'agit de :

1. **La connaissance** (dont le siège est notre cerveau), qui est le fait d'aller chercher de l'information, d'apprendre, d'évoluer. Chaque être humain se distingue par sa capacité ou non à aller chercher des informations nouvelles. C'est une capacité, cher lecteur, que vous possédez forcément puisque vous tenez ce livre entre vos mains !
2. **Le discernement** (qui part du cœur), qui est notre capacité à nous poser des questions, à comprendre, analyser et digérer l'information. Qu'est-ce que j'en pense ? Quelle est mon opinion ? Quel est mon regard sur cet enseignement ?
3. **Le vécu** qui est notre faculté à pouvoir intégrer ces nouvelles informations dans notre quotidien. Comment les utiliser et les mettre en place dans ma vie ?

EN LISANT CE LIVRE, VOUS ALLEZ DONC :

Dans un premier temps, acquérir de la connaissance. Puis, si vous prenez soin de faire les exercices et les actions proposés, vous prendrez du recul d'une part sur toutes les informations acquises à travers ces pages et d'autre part sur vos réflexions et notes personnelles, développant alors votre discernement. Enfin, les séances de sophrologie vous aideront à déployer vos capacités d'intégration et à réveiller vos différentes ressources pour aborder les changements avec plus d'aisance, de sérénité et de confiance. Quant au **chiffre 21**, d'après certaines études scientifiques, il représenterait le temps **MINIMUM** pour modifier une habitude, faire disparaître une vieille image mentale de notre cerveau pour en créer une autre. Cette règle des 21 jours est parfois controversée, sachant que chaque être humain estdifférent, et que le changement dépendra aussi du temps de répétition de l'apprentissage sur ces 3 semaines.

Mais quoi qu'il en soit, une habitude ne se modifie pas en 24 heures, comme par enchantement ! Et des étapes sont à respecter.

De plus, de nos jours, nous sommes devenus « boulimiques » d'informations. Elles viennent à nous en rafales, par le biais d'Internet mais aussi par courrier, à travers les différents médias, dans les livres… Chaque jour, vous lisez donc une quantité astronomique d'informations, mais combien en retenez-vous au final, et surtout qu'en faites-vous ? Qu'ont-elles modifié dans votre vie ? Souvent rien, à part surcharger votre cerveau de données. Car tout simplement, nous ne prenons pas le temps d'une lecture efficace, de la digestion des informations, de leur intégration et surtout de leur mise en place.

Donc **7 x 3 = 21** est un protocole que je vous conseille pour faciliter votre apprentissage et commencer à opérer des premiers changements positifs :

1. À partir de maintenant, prenez le temps de lire vos 7 pas.
2. Je vous suggère de ne pas tous les lire en continu, mais de les espacer de 3 jours. **Un pas tous les 3 jours**. C'est aussi la raison pour laquelle j'ai appelé ces étapes des « pas » et non des chapitres. **Un pas après l'autre, espacés de 3 jours.**
3. Prenez le soin de **faire chaque jour au moins une petite action, un exercice, ou d'écouter une séance audio** en lien avec le pas qui est en cours de lecture.
4. Relisez **3 fois chaque pas** à votre rythme et revenez sur les exercices écrits pour les compléter, car en moyenne nous ne retenons que 10 % de notre première lecture…

Donc 7 pas x 3 jours = 21 jours

Vous avez la liberté de choisir ce protocole, ou de lire comme bon vous semble votre livre, à votre rythme. Mais n'oubliez pas pour autant d'y revenir régulièrement !

1er PAS

VOUS RÉAPPROPRIER VOTRE TEMPS

SUR LE CHEMIN DE L'ESSENTIEL

« TON TEMPS, JUSQU'À PRÉSENT, ON TE LE PRENAIT,
ON TE LE DÉROBAIT, IL T'ÉCHAPPAIT.
RÉCUPÈRE-LE, ET PRENDS-EN SOIN. »

SÉNÈQUE

Le temps est un sujet que l'on retrouve au cœur des débats et des réflexions. Notre rapport au temps a évolué au cours de ces dernières années, et même si une minute reste une minute, si une heure reste une heure, malgré tout, la charge d'activités étant de plus en plus intense, nous avons souvent le sentiment que 24 heures ne suffisent plus à venir à bout de nos tâches quotidiennes ! Tout est allé trop vite et tout va encore beaucoup trop vite, au point de tout faire dans l'urgence, en vivant à 300 à l'heure sans prendre soin de nous ni respecter notre équilibre interne. Autrefois, l'existence était plus paisible et équilibrée. L'activité et le repos s'alternaient de façon naturelle et harmonieuse. Se réapproprier le temps, c'est privilégier le rythme plutôt que la vitesse, c'est se libérer des contraintes et tâches inutiles, pour revenir à l'essentiel.

Si vous êtes encore actif, il est d'autant plus important d'apprendre à vous préserver car, passé 50 ans, notre corps est encore parfois svelte et en forme mais n'a plus la même résistance ni les mêmes capacités à récupérer. C'est une période de vie où l'on peut avoir tendance à s'essouffler, voire à se perdre !

Si vous êtes jeune retraité, il vous faudra du temps pour apprendre à vivre sans réveil ni horaire, pour ne pas tomber dans la léthargie ou dans le piège de la boulimie d'activités afin de combler le vide que laisse l'absence de vie professionnelle. L'important sera de vous libérer de vos plannings de ministre pour trouver petit à petit votre propre équilibre, votre rythme de croisière, même si cela doit passer par l'hyperactivité ou l'ennui !

Si vous êtes dans un âge plus avancé et selon votre santé, votre rapport au temps est parfois faussé, mais quoi qu'il en soit, il est nécessaire d'en prendre soin et de l'utiliser à bon escient !

QUIZ

1. **Le mot grec « Kairos » correspond au temps :**

Programmé ◯ Inattendu ◯

2. **Y a-t-il un rapport entre la distance et le temps ?**

OUI ◯ NON ◯

3. **Quel est le 1er pays en Europe où il fait bon vivre ?**

La Grèce ◯ L'Italie ◯ La Finlande ◯

4. **Est-il plus juste de parler de :**

Gestion du temps ◯ Gestion de soi ◯

5. **Les mots « resserrer » et « enchaîner » vous font penser à :**

Liberté ◯ Contrainte ◯ Tension ◯ Bonheur ◯

6. **Comment nommer nos divers rôles ?**

Nos fonctions ◯ Nos casquettes ◯ Nos chaussettes ◯

7. **Est-il nécessaire de se fixer des limites ?**

OUI ◯ NON ◯

8. **Que signifie « être ici, là et maintenant » :**

Vivre son temps présent ◯ Être bien dans ses baskets ◯

Faire une seule chose à la fois en conscience ◯

9. **Utilisez-vous souvent le « Il faut » ?**

OUI ◯ NON ◯

10. **Connaissez-vous l'histoire des cailloux ?**

OUI ◯ NON ◯

Réponses & Bien plus

1. Le mot « Kairos » correspond au temps :

Inattendu. En effet, les Grecs avaient deux mots pour parler du rapport au temps : « Chronos » et « Kairos ». Chronos représente le temps linéaire, programmé, prévisible. C'est celui qui planifie nos rendez-vous et organise nos semaines, celui qui sépare nos jours de nos nuits, qui dessine nos saisons. Kairos, symbolise quant à lui le temps occasionnel, non programmé, inattendu. Deux mots pour désigner d'une part le temps pensé et programmé, et d'autre part le temps imprévisible. Lorsque les engagements professionnels régissent une grande partie de notre agenda, nous ne laissons plus assez de place pour ce fameux Kairos et pour la spontanéité. Ces deux axes sont importants pour maintenir notre équilibre.

Si je devais allouer un % à ces deux temps, par rapport à mes plannings actuels et à mon mode de fonctionnement, je noterais :

Temps programmé (au moins 15 jours à l'avance) : .... %

Temps imprévu (ou programmé moins de 48 heures avant) : .... %

Quelle part de votre temps est planifiée (travail, école, activités, loisirs, transports, réunions, rendez-vous…) sur vos 24 heures quotidiennes, et quelle place reste-t-il pour l'imprévisible, le spontané, l'envie ou les besoins du moment ?

Et dans ce temps programmé, quel pourcentage est réservé à votre bien-être et à votre santé (sport, marche cool, relaxation, méditation, détente…) ? .... %

2. Y a-t-il un rapport entre la distance et le temps ?

OUI, et ce rapport a totalement modifié notre propre perception. Elle est bien loin l'époque des calèches où il fallait plusieurs heures pour parcourir 20 kilomètres. Aujourd'hui, nous sillonnons le monde à vitesse grand V pour nous retrouver à l'autre bout de la planète, en moins de 12 heures. Plutôt déstabilisant pour notre horloge interne qui a de quoi perdre ses repères !

3. Le 1er pays en Europe où il fait bon vivre est :

La Finlande est reconnue comme le 1er pays au monde où il fait bon vivre. Et savez-vous pourquoi ? Parce que le pays aux 180000 lacs a défini sa propre philosophie du bonheur. Connaissez-vous ce dicton, « Travailler plus pour gagner plus », bien de chez nous ? Eh bien, nos amis les Finlandais ont établi une autre vérité : « Faire moins pour obtenir plus, tout en vivant mieux » ! Voilà leur secret dont ils sont si fiers, et ils ont bien raison ! Tout aussi étrange que cela puisse paraître, cette philosophie fonctionne à merveille ! La Finlande est un des pays où les résultats scolaires sont les plus élevés. Et pourtant à l'école, les enfants ont beaucoup moins d'heures de cours que dans la majeure partie des autres pays. Ils dorment le matin et jouent une bonne partie du reste de la journée. Ils ont compris que jouer était aussi important qu'apprendre, que le repos facilitait l'apprentissage et que le jeu développait la créativité ! Et pas uniquement chez les enfants, cela concerne toutes les tranches d'âge !

4. Il est plus juste de parler :

De gestion de soi, car bien gérer son temps, c'est gérer sa vie en lâchant prise sur le « trop » pour privilégier le « pas assez ». Il s'agit de se libérer des tâches énergivores et non indispensables, pour d'une part éviter l'épuisement et préserver sa santé (ce qui n'est pas négligeable), et d'autre part se rendre disponible pour ce qui est juste et essentiel pour soi. Il est bien connu que tout excès est nocif, il est donc fondamental de pouvoir jauger ces deux limites. Nous avons tous en nous le pouvoir de décider de notre temps, de dire « oui » ou « non » à une sollicitation, une demande.

5. Les mots « resserrer » et « enchaîner » font penser :

À « contrainte » et « tension », et sont loin de nous apporter la liberté et le bonheur que chacun d'entre nous mérite ! La vie nous réserve son lot de contraintes quotidiennes ou ponctuelles, et il est normal de répondre à nos engagements, de nous adapter à ces obligations. Mais si nous sommes 100 % honnêtes avec nous-mêmes, ne sommes-nous pas les champions de la contrainte inutile ? Combien de fois avez-vous fait des tâches que vous vous êtes imposées et qui n'avaient en fait aucun intérêt réel pour votre vie et votre bien-être, si ce n'était de vous rajouter encore un peu plus de stress ? Combien auraient pu être évitées ou déléguées ? Grand nombre, j'en suis certaine. Le bien-vieillir, c'est aussi apprendre à se libérer des tâches inutiles et des contraintes non indispensables, s'alléger, se désencombrer.

6. Lorsque nous parlons de nos différents rôles

Nous parlons en effet de nos **fonctions**, et plus sympathiquement de nos **casquettes**, et non de nos chaussettes ! Il s'agit de celles de parent, grand-parent, enfant, conjoint, bénévole, ami, membre d'un syndicat ou d'une association, professionnel (et à l'intérieur de cette catégorie, le fait d'être de plus en plus polyvalent nous rajoute encore de nouvelles fonctions !). Bref, vous l'aurez compris, nous ne risquons pas de prendre un coup de soleil sur la tête vu le grand nombre de casquettes que nous portons, mais plutôt de nous épuiser sous la surcharge d'activités. Qui a dit qu'une vie heureuse doit être remplie H24 ? L'ennui est la clé de la construction de l'être, de la créativité, de l'imagination. C'est dans l'ennui que notre imaginaire bat son plein et que notre pouvoir créateur est à son apogée.

7. Est-il nécessaire de se fixer des limites ?

OUI, évidemment. Se fixer des limites, c'est être maître de son temps et de sa vie, c'est être acteur plutôt que spectateur, c'est être capable de faire des choix, de dire non, de se gérer, d'aller à l'essentiel. Si j'essaie de faire rentrer trois litres d'eau dans une bouteille d'un litre, le trop-plein d'eau va déborder et se perdre. Comme pour nous, le trop-plein va faire que nous allons petit à petit nous perdre et nous éloigner de qui nous sommes vraiment.

8. Que signifie « être ici, là et maintenant » ?

Cela représente le **temps présent**. C'est le moment où notre esprit est en pleine conscience de ce qu'il vit, sans aucune pensée envahissante ou parasite. C'est l'instant précis où tous nos sens sont amplifiés, où corps et esprit ne font qu'un. Combien de fois dans une journée nos pensées vagabondent-elles dans le temps, passant du présent au passé, du passé au futur, du présent au futur… ? Et notre corps, lui, où est-il ? dans le passé ? dans le futur ? NON, bien évidemment dans le présent. Ce voyage à travers les temps génère une préoccupation permanente, une indisponibilité à vivre son temps présent. Il est donc salvateur de régulièrement se recentrer, en réalignant corps et esprit, en se libérant des pensées, en concentrant toute notre attention sur le moment présent. Je vous entends déjà dire : « Mon Dieu, mais je suis incapable de laisser mon cerveau au repos ». Je vous rassure, vous n'êtes pas le seul. Certes, ce n'est pas simple, mais tout s'apprend ! C'est ce que je vous propose de découvrir avec l'exercice suivant :

EXOS Bien-être

LE TRIANGLE

Bienfaits : libération de la charge mentale, aide à la concentration, détente physique et psychique

- Alors que vous êtes assis confortablement, les deux pieds bien à plat au sol, le dos droit et la tête droite, je vous invite à fermer les yeux, juste le temps de cet exercice, et à prendre 3 grandes respirations.
- Puis visualisez (imaginez) un triangle devant vous.
- Sur chacune de vos inspirations par le nez, vous allez suivre la partie montante de votre triangle, lentement, en prenant conscience de l'air qui rentre dans votre nez (voir schéma ci-dessous).
- Sur chacune de vos expirations par la bouche, vous allez dessiner la partie descendante de votre triangle.
- Sur la base, faites une légère apnée (suspendez l'air).

Je vous invite à expérimenter cet exercice, pendant **1 à 3 minutes**, puis à rouvrir vos yeux tout en douceur. Si le fait de fermer les yeux vous angoisse, vous pouvez dessiner un triangle au centre d'une feuille blanche, ou l'imaginer devant vous sur un mur neutre.

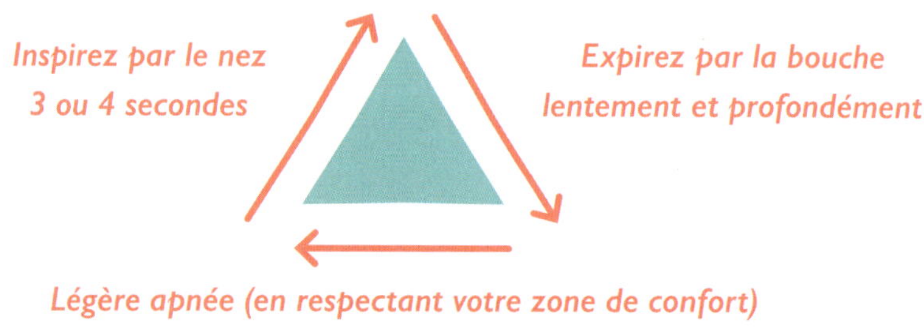

Vous aurez l'occasion de revivre cet exercice, accompagné par ma voix, lors de votre première séance audio, en fin de ce pas.

Suite à votre exercice de méditation, je vous suggère de prendre quelques instants pour noter ce que vous avez ressenti : Ai-je réussi à me libérer de mes pensées ? Comment est-ce que je me sens ? Quels mots me viennent ?

....

....

9. « Il faut »

Combien de fois au cours de notre journée, nous pensons et commençons nos phrases par ces deux petits mots « Il faut » ou « Je dois » ? : « Il faut que j'aille faire les courses », « Il faut que je téléphone », « Il faut que je fasse ci ou ça... » et PIRE ENCORE : « Il faut que j'aille chercher mes enfants ou que je garde mes petits-enfants », « Je dois aller chez le coiffeur », « Il faut que je réserve mes prochaines vacances »... On se surprend même à parler avec un « Il faut » des choses que l'on aime le plus au monde, qui sont les plus essentielles à nos yeux, qui nous remplissent de joie ! Les contraintes sont si présentes dans nos vies que, pour notre cerveau, tout devient obligation au détriment du plaisir ! Vous verrez au cours du pas numéro 4 l'importance de travailler sur nos pensées et nos mots, pour les transformer en une énergie positive. Se réapproprier le temps, c'est se réapproprier nos pensées, mais aussi se débarrasser de certaines choses que l'on se sent obligé de faire. C'est transformer mentalement le « Il faut » en « Je vais », ou encore mieux, le « Il faut » en « J'ai envie » !

10. Pour terminer ce quiz, j'ai eu envie de partager cette belle histoire avec vous, résumée en quelques lignes :

Un jour, un vieux professeur fut engagé pour donner une formation sur la planification du temps à un groupe de dirigeants. Le vieux professeur n'avait qu'une heure pour faire passer sa matière. Debout, il les regarda un par un, lentement, puis leur dit : « Nous allons réaliser une expérience ». Il sortit un immense pot de verre qu'il posa délicatement en face de lui. Ensuite, il sortit environ une dizaine de cailloux gros comme des balles de tennis et les plaça un par un dans le grand pot. Lorsque le pot fut rempli jusqu'au bord et qu'il fut impossible d'y ajouter un caillou de plus, il leva lentement les yeux vers ses élèves et leur demanda : « Est-ce que ce pot est plein ? ». Tous répondirent « oui ».

Il attendit alors quelques secondes et ajouta : « Vraiment ? ». Alors il se pencha de nouveau et sortit un récipient rempli de gravier. Et il versa ce gravier sur les gros cailloux puis brassa légèrement le pot. Le vieux professeur réitéra sa question : « Est-ce que ce pot est plein ? ». Ces brillants élèves commençaient à comprendre son manège. L'un d'eux répondit : « Probablement pas ! ». « Bien », répondit le vieux professeur. Il sortit un sac de sable qu'il versa dans le pot. Le sable alla remplir les espaces entre les gros cailloux et le gravier. Encore une fois, il redemanda : « Est-ce que ce pot est plein ? ». Cette fois, sans hésiter et en chœur, les brillants élèves répondirent : « Non ». « Bien », répondit le professeur. Puis il prit un pichet d'eau et remplit le pot jusqu'à ras bord, et demanda : « Quelle grande vérité nous démontre cette expérience ? ». Un élève répondit : « Cela démontre que même lorsque l'on croit que notre agenda est complètement rempli, si on le veut vraiment, on peut y ajouter encore plus de rendez-vous, plus de travail à faire ! ». « NON », répondit le vieux professeur. « Ce n'est pas cela.

La vérité que nous démontre cette expérience est la suivante : ***si on ne met pas les gros cailloux en premier dans le pot, on ne pourra jamais les faire entrer tous, ensuite****. Et il rajoute alors :*

Quels sont les gros cailloux dans votre vie ? *»*

Comme vous l'avez compris, les grosses pierres représentent les choses véritablement importantes. Les gravillons symbolisent les choses qui sont importantes mais non essentielles. Et enfin, les grains de sable sont les choses sans importance. L'art d'aller à l'essentiel est un véritable art de vivre.

Et vous, quels sont vos gros cailloux dans votre vie ?

Votre santé ? Votre bien-être ? Votre famille ? Vos amis ? Vos rêves ? Votre carrière ? L'amour ? L'argent ? Je vous laisse identifier et noter les choses essentielles de votre vie : ....

....

....

« À force de sacrifier l'essentiel pour l'urgence, on finit par oublier l'urgence de l'essentiel. »

Edgar Morin

Si vous êtes retraité, vous avez déjà la chance d'avoir pu vous libérer des contraintes de temps liées aux horaires de travail, ce qui n'est pas négligeable. Peut-être même avez-vous réussi à trouver votre rythme de croisière pour profiter au mieux de votre temps sans surcharge inutile. Si oui, bravo à vous ! Mais dans tous les cas, les exercices qui suivent vous aideront à faire un tri pour vivre au mieux « votre essentiel ».

Que vous soyez actif ou retraité, l'harmonie dans votre vie doit se faire à travers un équilibre entre plusieurs facettes :

- VOTRE SANTÉ : **votre alimentation, hydratation, respiration, détente, ressourcement, marche, sport, énergie…**

- VOTRE TRAVAIL : **pour les actifs, mais aussi pour bon nombre de retraités qui à l'heure actuelle continuent à travailler de manière indépendante, salariée ou bénévole.**

- VOS LIENS SOCIAUX : **votre famille, vos amis, vos collègues, vos voisins, vos clients, vos connaissances, vos rencontres…**

- VOS ASPIRATIONS : **ce que vous aimez faire, ce qui donne sens à votre vie, vos envies, vos loisirs, vos passions…**

❶ Quel pourcentage de votre temps pouvez-vous allouer à ces 4 facettes, et est-ce trop ou pas assez selon vous ?

Facettes	%	TROP	PAS ASSEZ
Santé			
Travail			
Social			
Aspirations			

Pour pouvoir se réapproprier son temps, une fois ce constat fait, il est nécessaire de pouvoir se libérer de certaines casquettes.

❷ L'identification de toutes vos casquettes

Pour vous aider, j'ai préparé une liste non exhaustive des différentes casquettes que l'on peut porter. Cochez la case « Oui » si vous remplissez ce rôle, puis indiquez combien de temps cela vous prend (---- si très peu à ++++ si beaucoup, à vous d'ajuster), et si cette casquette vous procure plutôt de la joie ☺ ou du stress ☹ !

Casquettes	OUI	Temps + / –	☺	☹
Parent				
Enfant (si vos parents sont en vie)				
Grand-parent				
Arrière-grand-parent				
Frère/Sœur				
Oncle/Tante/Grand-tata/Tonton				
Voisin				
Aidant (d'un malade proche)				
En soins médicaux réguliers				
Ami/Copain				
Bénévole pour une cause				
Président, secrétaire, trésorier…				
Musicien, chanteur, danseur…				
Comédien, figurant…				
Adhérent d'un club de sport				
Adhérent d'un groupe d'activités diverses				
Et :				
Et :				
Et :				
Et encore ! :				

…

Et si je suis actif, professionnellement, j'endosse souvent plusieurs casquettes. Prenons mon cas par exemple : je suis sophrologue, coach, animatrice en yoga du rire, formatrice en entreprise, conférencière, auteure… et en tant qu'indépendante, je suis aussi partenaire, commerciale, fournisseur, cliente, gestionnaire, administratrice de réseaux sociaux et de mon site internet… Bref, plusieurs casquettes pour une même tête !

Quelles sont vos casquettes liées au travail ? (Si applicable)

Casquettes	**Temps + / –**	☺	☹

Que pensez-vous de votre NOMBRE DE CASQUETTES total ?

Pouvez-vous équitablement remplir tous ces rôles ?

Pouvez-vous en simplifier, en supprimer ou en déléguer ?

La solution consiste à nous limiter aux casquettes indispensables et véritablement primordiales (et non toutes les supprimer !), sans se surcharger de tâches supplémentaires, devenant non pas une source de plaisir mais une obligation contraignante.

3 Harmonie et équilibre

Se réapproprier son temps, c'est reprendre la main sur sa vie et ses choix. C'est identifier dans quoi on passe **TROP** de temps au détriment de ce qu'on ne fait **PAS ASSEZ** pour notre équilibre, notre plaisir, notre bien-être. Pour cet exercice, notez tout ce qui vous passe par la tête sur le TROP de vos plannings et le PAS ASSEZ (reproduisez ce tableau dans un carnet de notes pour le compléter davantage et pouvoir y revenir quand vous le souhaitez).

TROP	PAS ASSEZ
De garde des petits-enfants	De temps pour moi
De projets à la fois	De moments avec mes enfants
De déplacements	De marche ou de sport

Astuces & Conseils

GESTION DU TEMPS : LES BLOCS-NOTES

Personnellement, je suis une fan des blocs-notes et je vais vous partager ma méthode. Munissez-vous d'un carnet ou d'un cahier épais, de préférence à spirale.

- Un côté de votre cahier (le recto) sera réservé à la liste de toutes les choses que vous souhaitez ou devez faire, et à vos idées, au fur et à mesure qu'elles vous viennent à l'esprit (téléphoner au dentiste, aller chercher un colis à la poste, réserver le camping, prendre rendez-vous chez le notaire, acheter un cadeau...). Quand une tâche vous vient à l'esprit, notez-la sur votre liste.
- L'autre côté de votre cahier (le verso) sera réservé aux tâches de votre journée à venir, à vos priorités du jour.

En début de **chaque journée**, et selon votre état d'être et vos envies, définissez le temps que vous pouvez allouer à vos tâches : relisez votre liste, et choisissez celles qui sont prioritaires en fonction du temps disponible et de votre motivation, puis faites au dos de votre cahier **votre plan d'action pour la journée**.

Ne surchargez pas votre planning du jour. Établir des listes irréalisables sera source d'échec et surtout de beaucoup de stress. Planifiez de manière juste votre journée sans perdre de vue ce qui est essentiel pour vous, c'est-à-dire en général votre santé, votre bien-être, les objectifs qui donnent sens à votre vie et qui vous apporteront à court ou moyen terme le bonheur recherché. **Et allégez-vous pour gagner du temps pour vous !** Puis **surlignez** toutes les tâches réalisées. Cela montrera que vous avez déjà bien fait votre part de travail et que vous avez le droit maintenant de vous reposer et de prendre soin de vous !

SÉANCE AUDIO

SUSPENDRE LE TEMPS

Séance n° 1

Se réapproprier le temps, c'est aussi accepter de ne rien faire, de laisser l'action pour le repos, le « faire » pour « l'être ». C'est être capable de se mettre régulièrement en « pause », au « repos », sans honte ni culpabilité. Pour les plus anciens d'entre vous, je sais à quel point il est difficile de ne rien faire (selon votre éducation et vos croyances) et pourtant, vous comprendrez davantage l'importance vitale de ces pauses au cours du pas n° 3 sur le stress.

Cette première séance sera courte, mais c'est un premier pas vers le lâcher-prise. L'idée est de vous permettre, tout en douceur, de « suspendre le temps » en expérimentant ce fameux « ici, là et maintenant ». Je vous propose donc de stopper votre lecture quelques instants, de vous installer confortablement, de mettre votre audio n° 1 et de vous laisser bercer par ma voix. Je suis là pour vous guider, et vous, pour profiter !

ALORS, C'EST PARTI...

Journal DE BORD

Je vous laisse quelques lignes si vous souhaitez noter ce que vous avez ressenti après cette séance, comment vous vous sentez, ce qui vous vient spontanément à l'esprit :

Actions & Défis

5 PETITES ACTIONS (DÉFIS) À EXPÉRIMENTER

SUR LES 3 PROCHAINS JOURS !

1. Posez-vous **sans rien faire** au moins **une fois par jour** pour ce 1er pas, au minimum **10 à 30 MINUTES**. Si vous n'arrivez pas à dégager 10 à 30 minutes par jour pour votre santé et votre bien-être, alors il est grand temps de vous réapproprier le temps !

2. Profitez de cette pause pour vous relaxer en vous laissant guider par **votre séance audio** ou visualisez votre **triangle** ou votre **image de détente** pour vous entraîner à fixer votre attention sur une seule chose à la fois et lâcher prise un instant sur les pensées et les préoccupations.

3. Pensez à vous munir d'un **bloc-notes** si l'astuce que j'ai partagée avec vous vous a séduit !

4. Prenez le temps de relire ces quelques pages si vous le souhaitez, mais surtout de **compléter vos différents exercices si de nouvelles idées vous viennent à l'esprit**.

5. Réfléchissez aux **casquettes que vous pourriez** supprimer pour vous **alléger**, et à la façon de **rééquilibrer** votre balance du « **TROP** » et du « **PAS ASSEZ** ».

ET À TRÈS BIENTÔT POUR LE PROCHAIN PAS !

2E PAS

RESPIRER… POUR MIEUX REDÉMARRER !

DU CORPS À L'ÊTRE

« LA RESPIRATION EST LE BERCEAU DU RYTHME. »

RAINER MARIA RILKE

« Respirer, respirer, respirer… je ne cesse de respirer du matin au soir », me direz-vous ! Oui et bien heureusement, sinon vous n'auriez pas l'opportunité en ce moment de tenir ce livre entre vos mains ! Mais il y a **respirer** et **RESPIRER** ! Vous voyez la différence ? Respirer comme nous le faisons tous de manière automatique permet de nous maintenir en vie, tandis que RESPIRER va vous ouvrir à la vie.

Comme nous venons de le voir, se réapproprier le temps, c'est privilégier le rythme, et votre respiration en donnera le tempo. Jouez-vous, ou avez-vous joué d'un instrument ? Faites-vous du chant ? de la danse ? du théâtre ? du sport ? La respiration est au cœur de chacune de ces actions ; elle représente la « virgule », la « pause » qui permet de reprendre son souffle pour mieux repartir. Bien respirer, c'est à la fois reprendre pied, se dynamiser et se relaxer, se déconnecter du monde extérieur pour se reconnecter à son monde intérieur, se créer de l'espace pour mieux s'inspirer.

Avez-vous remarqué comme votre respiration fluctue ? Comme elle diffère lorsque vous êtes en colère, stressé, ou les doigts de pieds en éventail sur la plage sans soucis ? Elle varie donc au gré de vos états d'être. Mais ce qui est formidable c'est que vous avez la capacité d'agir à votre guise sur cette fonction de votre corps, de jouer avec elle pour vous dynamiser ou vous détendre, pour vous libérer du stress ou pour performer…

C'est une **AMIE PRÉCIEUSE** disponible à chaque instant, pour vous et avec vous, qui vous accompagnera et vous soutiendra jusqu'à votre dernier souffle. Une fois adoptée, elle deviendra très vite, j'en suis certaine, votre meilleure alliée.

QUIZ

1. **Combien de temps puis-je vivre sans respirer ?**

   2 minutes ○ 3 minutes ○ 10 minutes ○

2. **Combien de fois respirons-nous par jour ?**

   11 275 ○ 15 350 ○ 23 040 ○

3. **Combien avons-nous d'étages respiratoires ?**

   1 ○ 2 ○ 3 ○ 4 ○

4. **Respirer donne-t-il envie de bâiller ?** VRAI ○ FAUX ○

5. **Plexus solaire = Diaphragme** OUI ○ NON ○

6. **Pour me détendre, je privilégie :**

   L'inspiration ○ L'expiration ○

7. **Est-il préférable d'inspirer par la bouche ?**

   OUI ○ NON ○

8. **La respiration aide à gérer la douleur :** VRAI ○ FAUX ○

9. **La respiration favorise la confiance en soi**

   VRAI ○ FAUX ○

10. **Trop respirer peut faire tourner la tête ?**

    VRAI ○ FAUX ○

11. **Le 3/2/5/2 est ?** Une formule magique ○

    Un jeu ○ Un exercice pour se calmer ○

12. **Et que représente alors le chiffre 365 ?**

    Le nombre de jours de l'année ○ Une pratique thérapeutique ○

Réponses & BIEN PLUS

1. Combien de temps puis-je vivre sans respirer ?

Il est très difficile d'affirmer une réponse précise, car beaucoup de paramètres entrent en jeu. Il est possible de survivre plus de 4 à 6 minutes, mais la moyenne est de **3 minutes**. Au-delà de ce temps, privées d'oxygène, nos cellules cérébrales commencent à dépérir. Saviez-vous qu'à lui seul notre cerveau consomme 20 à 25 % de l'oxygène respiré alors que son poids ne représente que 5 % de notre corps ? Notre respiration est donc notre première nourriture (l'eau arrivant en seconde position). C'est la raison pour laquelle il est fondamental que chacun d'entre nous apprenne les premiers gestes de survie, car face à une insuffisance respiratoire le temps est plus que compté.

2. Cela paraît ahurissant, mais nous respirons :

Plus de 23 000 fois par jour ! Cela représente 12 000 litres d'air par 24 heures. En effet, nous inspirons en moyenne 16 fois par minute et chaque inspiration classique nous apporte environ 0,5 litre d'air. La quantité varie en fonction de nos activités, notre état de santé et notre âge. Notre respiration a donc le pouvoir de s'adapter en permanence, en nous procurant plus d'oxygène quand nous sommes dans l'action et moins quand nous sommes au repos, comme lors de notre sommeil par exemple. Elle se régule de manière automatique mais on peut aussi en reprendre le contrôle, comme nous le découvrirons dans quelques instants. Une mauvaise respiration peut avoir un impact négatif important sur l'ensemble de notre corps, notre santé et nos performances.

3. Nous pouvons distinguer :

Trois étages respiratoires : le thoracique bas, moyen et haut.

1 L'étage thoracique bas correspond à la **respiration abdominale** ou diaphragmatique (au niveau du ventre). Elle offre un massage profond de l'abdomen et surtout la libération du diaphragme et du plexus solaire, et remplit d'air la partie basse du poumon. C'est notre respiration d'origine. Nous venons au monde en respirant par le ventre, et d'ailleurs pour preuve, je vous invite à observer les petits « bidons » des adorables bébés. Avez-vous remarqué comme ils respirent ? Que du bonheur !

2 L'étage moyen correspond à la **respiration thoracique** (au niveau du thorax). C'est la plus sollicitée et pourtant elle a tendance à bloquer notre diaphragme. Elle remplit d'air la partie haute des poumons, mais si nous utilisons uniquement cette respiration, nous les remplissons seulement de 30 %, donc elle reste insuffisante.

3 L'étage thoracique haut correspond à la **respiration claviculaire** ou scapulaire (au niveau des épaules). Elle permet une meilleure oxygénation de notre cerveau, favorisant ainsi la mémoire, l'apprentissage, la pensée et le discernement.

Une respiration complète et efficace doit donc passer par ces trois étages, que vous allez avoir l'occasion de découvrir lors de votre séance audio numéro 2. Mais dans un premier temps, je vous propose de vous familiariser avec votre respiration abdominale, votre meilleure alliée bien-être. Pour ceux d'entre vous qui ont déjà l'habitude de la pratiquer, je vous invite quand même à suspendre votre lecture, si le cœur vous en dit, pour vous offrir une petite pause « oxygène et détente ».

EXPLOREZ VOTRE RESPIRATION ABDOMINALE

Bienfaits : libération du diaphragme et du plexus, massage du ventre, apaisement et détente

- Assis confortablement, vos deux pieds sont bien à plat au sol, le dos droit, la tête droite, une main posée sur votre ventre.
- Sur **l'inspiration** par le nez, **poussez votre ventre** vers l'avant.
- Sur **l'expiration** par le nez ou la bouche, **rentrez votre ventre**.

Vous pouvez vous aider de votre main en exerçant une légère pression pour mieux intégrer ce mouvement, et pour plus de ressentis, fermez les yeux quelques instants.

Donc, sur **l'inspiration votre ventre se gonfle et sur l'expiration il se dégonfle** et vous vous laissez **bercer de l'intérieur** en vous libérant de toute pensée. Vous êtes uniquement concentré sur les mouvements de votre ventre, associés aux mouvements de votre respiration, en prenant conscience de l'air frais qui rentre sur chaque inspiration et de l'air chaud qui ressort sur chaque expiration.

Pour démarrer, je vous conseille de faire une **dizaine de respirations** abdominales, puis de poursuivre si vous le souhaitez en positionnant **vos deux mains au niveau du bas du dos** pour sentir le mouvement d'ouverture que cette respiration occasionne. N'hésitez pas à bouger vos mains jusqu'à ressentir ce mouvement.

Comment vous sentez-vous ?

Avez-vous senti ce mouvement de piston du diaphragme ? Puis ce mouvement d'accordéon au niveau de la partie basse de votre dos, lors de la seconde partie de l'exercice ? Beaucoup de personnes se mettent à bâiller au bout de quelques respirations abdominales.

Et vous, avez-vous ressenti cette envie ?

4. Respirer donne envie de bâiller

OUI. Le bâillement est un acte réflexe aussi bien chez les humains que chez les animaux. À ce titre, j'adore observer mes deux chats, qui excellent dans ce domaine. Quand je les vois, les mâchoires grandes ouvertes, je n'ai qu'une envie : bâiller à mon tour ! Je me souviens de ma grand-mère, qui pour m'aider à m'endormir lorsque j'étais enfant, faisait semblant de bâiller pour éveiller en moi cette envie, et faire venir le sommeil. D'où l'expression « un bon bâilleur en fait bâiller sept » (encore ce fameux chiffre 7) !

Nous bâillons généralement lorsque nous sommes fatigués (un des premiers signes annonciateurs du sommeil), ou que notre cerveau commence à saturer. En effet, trop réfléchir met notre cerveau en surchauffe et, selon certaines études scientifiques, le bâillement permettrait de rafraîchir notre cerveau et de regagner en vigilance. Il intervient aussi et surtout sur les muscles respiratoires. Il est donc normal qu'en libérant le diaphragme, et en nous procurant plus de détente au niveau du visage et du cou, **nous éveillions le bâillement pour nous aider à lâcher prise et à nous relaxer**. C'est un signal du corps qu'il ne faut pas négliger. Il nous alerte d'un trop-plein de fatigue ou de stress et en même temps nous apporte la détente dont nous avons besoin. Alors, pour profiter de ces bienfaits, ne vous privez pas de bâiller amplement plusieurs fois par jour pour vous libérer des tensions mentales et physiques, mais attention de ne pas vous coincer la mâchoire !

LIBÉRER LES TENSIONS DE LA MÂCHOIRE

Plusieurs fois par jour, sous l'effet du stress, nous avons tendance, sans nous en rendre compte, à crisper nos mâchoires, entraînant alors à plus ou moins long terme des tensions et douleurs au niveau des cervicales et des épaules. Une mâchoire relâchée facilite les bâillements et la détente du visage et du cou.

- **Astuce 1** : laissez régulièrement votre bouche entrouverte pour éviter le contact des deux mâchoires et des dents.

- **Astuce 2** : pratiquez 4 ou 5 fois d'affilée la respiration de la banane. Inspirez en faisant un énorme sourire, comme si vous dessiniez une banane avec votre bouche, et relâchez en expirant.

- **Astuce 3** : pratiquez la respiration de l'hippopotame. Inspirez par la bouche en laissant rentrer dans votre gorge une bonne bouffée d'air frais. Relâchez sur l'expiration. Cet exercice est puissant lors d'une crise d'angoisse pour libérer l'oppression au niveau de la gorge, avant de passer à la respiration ventrale.

- **Astuce 4** : pratiquez la respiration de l'hippopotame qui a la banane ! Alternez la respiration de la banane et celle de l'hippopotame, sur une dizaine de respirations.

- **Astuce 5** : bouche entrouverte, massez vos oreilles en plaçant vos index sur le cartilage des oreilles. Frictionnez de haut en bas et de bas en haut sur plusieurs mouvements. Finissez en tirant doucement sur les lobes des oreilles puis en massant votre nuque, vos cervicales et vos épaules.

5. Plexus solaire = Diaphragme

NON, le diaphragme n'est pas la même chose que le plexus solaire même s'ils sont souvent confondus. Je devrais plutôt parler de nos diaphragmes, car en fait ils sont au nombre de quatre : le pelvien, le thoracique, le cervical et le crânien. Mais ci-dessous, j'évoquerai uniquement le thoracique.

1 Le **diaphragme thoracique** est un des **muscles** les plus importants de notre corps, qui se situe sous les poumons entre la cavité thoracique et abdominale. Quand nous respirons par le ventre, nous permettons à notre diaphragme sur l'inspiration de s'abaisser pour libérer la partie haute de l'abdomen et remplir le bas des poumons, et sur l'expiration de remonter pour laisser les poumons se vider. Lors d'une respiration complète sollicitant les trois étages, cet air monte à l'intérieur des poumons, permettant l'ouverture de la cage thoracique, optimisant alors notre respiration.

2 Le **plexus solaire** quant à lui, se trouve en-dessous de la pointe du sternum. C'est un **centre nerveux** qui regroupe l'ensemble des nerfs innervant les organes de l'abdomen. Son rôle premier est de réguler les fonctions digestives. Mais il est aussi, souvenez-vous, un des 7 centres énergétiques de notre corps (le 3e chakra), en lien direct avec nos émotions (passées et présentes) et notre confiance en nous.

Cependant, diaphragme et plexus sont étroitement liés. Lorsque le diaphragme est bloqué ou trop tendu (souvent sous l'effet du stress), notre respiration a tendance à s'inverser et engendre beaucoup d'inconfort et de dysfonctionnement : difficulté parfois à respirer – notamment dans l'effort, plexus douloureux, oppression, sensation de boule au ventre ou à la gorge, maux de dos, angoisse… Maîtriser votre respiration facilitera la détente à la fois du diaphragme et du plexus.

Astuces & Conseils

FAVORISER LA LIBÉRATION DU PLEXUS

Cependant, si bien respirer ne suffit pas à libérer votre plexus et votre diaphragme, **ne restez pas avec cet inconfort responsable de beaucoup de maux**. N'hésitez pas à en parler à votre médecin si ce problème persiste trop longtemps, et à prendre rendez-vous avec des thérapeutes et professionnels compétents qui pourront vous aider, par exemple :

- Un ostéopathe qui pourra agir mécaniquement.
- Un praticien énergétique pour équilibrer le plexus (3e chakra) : énergéticien, maître Reiki, acupuncteur…
- Un thérapeute agissant sur la gestion du stress mais aussi sur la libération des émotions vécues ou enfouies (à travers des pratiques telles que l'hypnose, la sophrologie, la kinésiologie, l'EMDR, l'EFT…).

Pensez également à bien vous hydrater.

6. Pour me détendre, je dois privilégier :

L'expiration, qui joue un rôle essentiel dans le relâchement musculaire mais aussi dans l'élimination des toxines de notre corps, notamment le surplus d'acidité. Certaines pratiques de relaxation privilégient lors des exercices une inspiration et une expiration par le nez, d'autres une inspiration par le nez et une expiration par la bouche. Personnellement, je suis adepte de l'expiration par la bouche qui m'apporte bien plus de relâchement et de détente. Mais rien n'est figé, à vous d'expérimenter !

L'inspiration dynamise l'organisme et **l'expiration l'apaise**.

Mais paradoxalement, l'expiration apporte aussi de la puissance et de la précision tout en favorisant la concentration.

Quand j'accompagne des sportifs, ou que j'anime des formations ou des conférences, je me munis toujours de mon outil magique, un jeu de fléchettes ! Et je propose une petite expérience : tirer les fléchettes sans contrôle de la respiration, puis en conscience en **tirant sur l'expiration une fois les poumons bien remplis**. Les résultats sont flagrants et les ressentis des joueurs unanimes. Lorsqu'ils tirent sans précipitation, en conscience, sur l'expiration, le geste est bien plus précis, le corps plus ancré et aligné, l'esprit plus présent et concentré, le résultat plus performant. C'est une des règles de la performance sportive.

ASTUCE DE LA PAILLE

Il n'est pas toujours aisé d'expirer lentement et en conscience. Pour vous entraîner à l'expiration longue et profonde, je vous suggère l'exercice suivant : munissez-vous d'une paille, assurez-vous qu'elle soit bien rigide sur toute sa longueur (souvent, les pailles ont un coude inclinable qui, plié, pourrait vous faire perdre l'efficacité de cet exercice). Puis prenez une profonde inspiration, et soufflez très lentement dans la paille jusqu'à vider vos poumons. Vous pouvez recommencer cet exercice plusieurs fois, tant que vous ne dépassez pas votre cadre de confort.

Vous pouvez aussi faire cet exercice en jouant avec une balle de ping-pong. Seul ou à plusieurs, soufflez dans la paille pour diriger et faire avancer votre balle en lui donnant différents effets : vitesse, lenteur, précision pour atteindre un point défini…

7. Est-il préférable d'inspirer par la bouche ?

NON, et c'est même vivement déconseillé (sauf si nez bouché ou pathologie liée à l'inspiration nasale), tout simplement parce que votre nez répond à des besoins précis, tels que :

1. filtrer les particules d'air à l'aide de ses poils, avant qu'elles ne pénètrent dans nos poumons ;
2. tuer les corps étrangers qui essaient de s'introduire dans notre corps, comme les virus et les bactéries ;
3. réchauffer l'air extérieur pour qu'il pénètre à la température de notre corps ;
4. humidifier l'air et améliorer notre fonction pulmonaire.

Quant à la bouche, elle n'a pas non plus été conçue pour respirer mais pour manger, parler, bisouiller... Respirer par la bouche expose ainsi à un plus grand nombre d'infections car l'air entrant est encore froid et chargé de microbes. Cette respiration assèche aussi notre bouche, empêchant la salive produite de parvenir à l'estomac. Notre salive joue un rôle essentiel dans la digestion et dans la protection de notre bouche et de nos dents. Il est donc primordial **d'inspirer par le nez et non par la bouche**.

8. La respiration aide à gérer la douleur

Il est **VRAI** que la respiration est une aide fort précieuse dans la gestion de la douleur et encore plus lorsqu'elle est associée à la pensée. Elle a un effet antalgique et anti-inflammatoire, à condition de respirer lentement, car si on respire trop vite, l'échappement trop rapide des gaz carboniques augmentera le taux d'acidité, pouvant entraîner courbatures musculaires et douleurs. Bien utilisée, elle peut donc soulager certaines douleurs ou tout du moins modifier notre rapport à la douleur, mais aussi favoriser la guérison si elle est associée à des pensées et émotions positives. C'est la raison pour laquelle la sophrologie est de plus en plus présente dans le monde hospitalier et médical, aussi bien en accompagnement des malades que des soignants et aidants.

9. La respiration favorise la confiance en soi

Dans ce monde de performance et de jugement, il n'est pas toujours aisé de développer et de conserver sa confiance en soi, et encore moins face à des enjeux (examen, oral, entretien, prise de parole, représentation devant un public, compétition...). Cependant, une respiration de qualité associée à une bonne posture (debout ou assise) facilitera notre relation corps-émotions-mental et l'accès à nos ressources, d'où une **meilleure confiance en nos capacités**. Elle permet également de nous libérer de nos peurs et du stress, de chasser le négatif pour ancrer en nous plus de positif, nous mettre dans les bonnes conditions de réussite, favorisant du coup notre confiance.

10. Trop respirer peut faire tourner la tête

Avoir la tête qui tourne peut être lié à une mauvaise respiration. Si vous respirez trop rapidement ou trop profondément, vous pouvez alors amener de manière trop brutale de l'air dans vos poumons, et faire de l'hyperventilation. **INSPIREZ, EXPIREZ, mais pas trop vite.** Il est important de partir à l'exploration de sa respiration tout en douceur, de ne pas la changer brusquement du jour au lendemain. Commencez par prendre conscience de la façon dont vous respirez pour petit à petit apprivoiser de nouveaux réflexes qui deviendront très vite des sources de bien-être dont vous ne pourrez plus vous passer.

11. Que représente 3/2/5/2 ?

Comme vous pouvez vous en douter, c'est une formule magique pour vous faire ressentir plus de **calme et de sérénité** ! Souvenez-vous, nous avons vu à la question 6 que pour s'apporter plus de détente il était judicieux de **privilégier l'expiration** plutôt que l'inspiration. L'exercice que je vous propose maintenant repose sur ce principe :

RESPIRATION CALMANTE 3/2/5/2

Bienfaits : retour au calme, libération mentale et physique, aide à l'endormissement

- J'**inspire** par le **nez** en comptant jusqu'à **3**.
- Je bloque en **apnée** en comptant jusqu'à **2**.
- J'**expire** par la **bouche ou le nez** en comptant jusqu'à **5**.
- Je bloque en **apnée** en comptant jusqu'à **2**.

Je vous invite à expérimenter cet exercice dans un premier temps avec votre **respiration naturelle** non contrôlée, puis dans un second temps avec votre **respiration abdominale**. Une fois que vous maîtriserez cet exercice vous pourrez, si vous le souhaitez, modifier les temps, par exemple en 5/2/8/2. Vous pouvez pratiquer cet exercice le soir dans votre lit pour **favoriser l'endormissement**.

12. Le chiffre 365

C'est en effet le nombre de jours que compte une année, mais aussi une pratique thérapeutique basée sur une respiration rythmée. Née aux États-Unis, elle a été introduite en France par les docteurs David Servan-Schreiber et David O'Hare.

La cohérence cardiaque est une méthode très simple issue des recherches en neurosciences et neuro-cardiologie, agissant au niveau cardiaque (notamment sur la tension artérielle), mais aussi sur de nombreux autres paramètres tels que l'hormone du stress, procurant ainsi, en peu de temps, calme et sérénité. **Cependant, je vous conseille de pratiquer cette méthode lorsque vous serez à l'aise avec votre respiration.**

Donc, si nous résumons :

LA RESPIRATION c'est la VIE, et **BIEN RESPIRER** permettra de :

1. Mieux **oxygéner** toutes les cellules de votre corps.
2. Mieux gérer vos **émotions**, mais aussi votre **stress**.
3. Vous **détendre**, vous calmer ou au contraire vous **dynamiser**. Vous **recentrer** sur le présent.
4. Soulager certaines de vos **douleurs**. Agir sur votre **souffle** et votre **rythme cardiaque**. Améliorer la qualité de votre **sommeil**.
5. Vous libérer des **angoisses** et ancrer du **positif** en vous.
6. Favoriser votre **mémoire** et la **confiance en vous**.
7. Être plus **efficace et précis**.
8. **Bien vieillir** et rester jeune !

EXOS Bien-être

COHÉRENCE CARDIAQUE : 365

Bienfaits : libération du stress, régulation de la tension artérielle, calme et sérénité

Je pratique cet exercice **3 fois par jour**.

→ **6 respirations par minute**, pendant **5 minutes** :

- **J'inspire** par le nez pendant **5 secondes**.
- **J'expire** par la bouche pendant **5 secondes**, soit 30 respirations au total sur les 5 minutes.

Les bénéfices ne durent que quelques heures (3 à 6 heures). Il est alors conseillé d'espacer d'environ 4 heures les pratiques : la première au lever, la deuxième 4 heures plus tard ou en fin de matinée, la troisième en milieu ou en fin d'après-midi.

Astuces & Conseils

Il existe des applications pour téléphone, des logiciels ou des vidéos sur Internet représentant des mouvements de vagues ou des points qui montent et qui descendent, calés sur ce principe. Faciles à utiliser, ces vidéos vous aideront à maintenir ce rythme avec plus de sérénité et en toute simplicité[1].

1 *Cohérence cardiaque 3.6.5*, David O'Hare, Éditions Thierry Souccar, 2019.

VOYAGE AU CŒUR DE MA RESPIRATION

Séance n° 2

Il existe de très nombreux exercices de respiration. J'ai fait le choix de vous présenter ceux-ci dans un premier temps, pour leur efficacité et leur simplicité d'apprentissage et d'utilisation.

Je vous propose à présent de stopper là votre lecture quelques instants, de vous installer confortablement, et de vous laisser tout simplement bercer par ma voix, le temps de cette séance guidée : une prise de conscience tout en douceur de votre respiration actuelle, avant de voyager à sa rencontre pour vous apporter détente et bien-être. Vous pouvez tout aussi bien poursuivre votre lecture et revenir sur cet audio dès que vous en aurez le temps, le besoin ou l'envie.

Journal DE BORD

Suite à votre séance, je vous invite à noter 2 ou 3 mots qui vous viennent spontanément à l'esprit. Comment vous sentez-vous ?

Actions & Défis

IDÉES D'ACTIONS À EXPÉRIMENTER

SUR LES 3 PROCHAINS JOURS

Une bonne respiration mérite bien qu'on lui consacre quelques minutes par jour. C'est sa pratique régulière qui vous permettra d'en récolter le plus de bénéfices.

1. Prenez régulièrement conscience de votre respiration au cours de votre journée. Rentrez en contact avec elle. Comment est-elle (fluide, saccadée, bloquée…), quel est mon état d'être au moment de cette observation (stressé, détendu, angoissé…) et à quel étage se situe-t-elle essentiellement (ventre, thorax) ?
2. Profitez de chaque instant d'attente et de repos (en voiture, dans le bus, le métro, en salle d'attente…) pour vous apporter plus de confort et de détente en respirant en conscience, avec votre ventre.
3. Prenez le temps d'expérimenter à votre rythme quelques astuces et exercices de votre choix, notamment le 3/2/5/2 le soir dans votre lit, ou le 365. N'hésitez pas à reprendre également le « triangle » en y ajoutant cette fois votre respiration abdominale ou bien laissez-vous guider par la séance audio de votre choix.

3^{E} PAS

APPRENDRE À DOSER VOTRE NIVEAU DE STRESS

– DE STRESS, + D'ÉNERGIE

« NOTRE PLUS GRANDE ARME CONTRE LE STRESS EST NOTRE CAPACITÉ À CHOISIR UNE PENSÉE PLUTÔT QU'UNE AUTRE. »

WILLIAM JAMES

Je stresse, tu stresses, il stresse, nous stressons…

Bref, tout le monde stresse ! À tort ou à raison, mais c'est un fait inévitable, ce mot fait partie de notre langage et de nos vies. Combien de fois dans une journée dites-vous ou pensez-vous : « Je suis stressé, ça me stresse, c'est stressant, il me stresse » ?

Dans notre société actuelle, le stress est l'un des principaux ennemis de la sérénité. Et pourtant, vivre serein est indispensable pour vivre longtemps et en bonne santé. Nous sommes tous à la recherche de cet état d'apaisement, de calme, de bien-être et de paix intérieure. Alors que le stress est souvent associé au milieu du travail, il concerne cela dit tout le monde (car nous pouvons aussi le ressentir avant nos 7 ans) ! Nos sources de stress sont différentes que l'on soit enfant ou senior, actif ou retraité, malade ou en bonne santé, pauvre ou riche…

Nos réactions face au stress varient également selon notre personnalité, notre vécu, notre environnement, notre histoire, le contexte, les épreuves, nos croyances… Il n'épargne personne mais, bonne nouvelle, il est loin pour autant d'être une fatalité ! Si vous réussissez petit à petit à vous réapproprier le temps et à adopter une meilleure respiration, une partie de votre stress aura déjà diminué, mais vous verrez que d'autres facteurs rentrent en jeu. Donner un nouvel élan à sa vie, c'est aussi se libérer au mieux de nos sources anxiogènes et transformer notre stress négatif en un atout. Nous verrons donc au cours de ce pas, comment :

- le stress agit sur notre état d'être et notre santé ;
- mieux doser le stress pour mieux s'en libérer ;
- l'aborder sous un angle différent ;
- prendre du recul sur nos sources de stress.

QUIZ

1. **Que signifie en anglais le mot « stress » ?**

   Énervement ○ Fatigue ○ Mise sous tension ○

2. **Comment appelle-t-on, en anglais, le bon stress ?**

   Eustress ○ *Distress* ○

3. **Quelle est la principale hormone produite par le stress ?**

   La dopamine ○ L'adrénaline ○

4. **Il existe 3 niveaux de stress. Savez-vous comment se nomme le niveau 2 ?**

   Alarme ○ Épuisement ○ Résistance ○

5. **Surmenage = Burn-out ?**

   OUI ○ NON ○

6. **Chez les seniors, quelle est la tranche d'âge la plus touchée par le burn-out ?**

   50/60 ○ 60/65 ○ 65/70 ○ 70 et + ○

7. **Le stress représente ... % des consultations médicales :**

   30 % ○ 55 % ○ 60 % ○

8. **Que représente l'échelle de Holmes et Rahe ?**

   Les niveaux de stress ○ Les conséquences du stress ○

9. **Le stress est-il une émotion ?**

   OUI ○ NON ○

10. **Le stress est-il aussi une histoire de perception ?**

    OUI ○ NON ○

11. **Comment appelle-t-on l'art de prendre du recul ?**

    La déconnexion ○ La relativisation ○ Le lâcher-prise ○

Réponses & BIEN PLUS

1. Le mot « stress » signifie en anglais :

Mise sous tension, sous pression. C'est en vérité une réponse naturelle de notre organisme face à tous stimulus auquel il devra répondre et s'adapter. Nos stimuli symbolisent nos sources de stress appelées plus communément « stresseurs » et selon le grand physicien et endocrinologue Hans Selye, spécialiste du stress, ce dernier représenterait des mécanismes d'adaptation aux changements et « **sans stress, il n'y aurait pas de vie** ». C'est une réaction à la fois physique, psychologique et émotionnelle qui nous prépare à l'action ou à la fuite, une sorte de mécanisme de défense, en quelque sorte. Mais alors, s'il est indispensable à notre vie, pourquoi en souffrons-nous ?

2. Bon ou mauvais stress ?

Nous pouvons distinguer plusieurs niveaux de stress. Souvenez-vous, notre corps est une magnifique machine qui possède de multiples facultés pour s'adapter en permanence aux diverses situations qui se présentent, à condition de ne **pas le contraindre à dépasser ses propres limites** ! Tant que nous ne dépassons pas notre capacité d'adaptation face aux agents stressants, nous parlons de **stress positif**, **le *eustress***. À l'inverse, quand notre limite est dépassée nous parlons de **stress négatif**, **le *distress***. Cette limite est propre à chacun, bien entendu.

3. La principale hormone produite par le stress

Lorsque nous sommes face à une source de stress, notre cerveau envoie un signal au centre de nos émotions (l'hypothalamus), qui va à son tour ordonner la production **d'adrénaline**. Cette dernière, de manière automatique, va préparer notre corps à l'action : augmentation du rythme cardiaque et respiratoire, augmentation de la pression artérielle, apport d'une plus grande quantité d'oxygène au niveau de nos muscles et de notre cerveau…

Nous sommes alors dans la première phase du stress, appelée **la phase d'ALARME**, que l'on peut scinder en quatre temps : alerte, action (réponse), désamorçage (jargon de sophrologue !) et repos.

Pour mieux comprendre ce processus, prenons un exemple tout simple (mais pas si anodin, vous verrez !) : le téléphone.

1. Le téléphone sonne (**alerte**). Mon corps se prépare à agir ou à fuir, c'est-à-dire à répondre ou non à cette sollicitation.
2. Imaginons, pour cet exemple, que je décide d'agir, c'est-à-dire que je décide de répondre au téléphone. Dans ce cas, je passe à la phase d'**action**, qui correspond à toute la période où je reste en ligne avec mon correspondant, avec mon interlocuteur.
3. Puis je me prépare à terminer ma conversation, à raccrocher, à mettre fin à mon action (**désamorçage**). Retour à la normale.
4. Le désamorçage est suivi d'un temps de **repos** qui correspond à une période sans autres sollicitations. Retour à l'équilibre.

Du moment où nous restons dans cette première **phase d'ALARME**, tout est OK. Nous n'avons pas dépassé notre propre limite d'adaptation au stress et, malgré parfois certains symptômes physiques qui peuvent se manifester (gorge nouée, palpitation, tremblements, souffle coupé...), la situation est maîtrisée et notre corps et notre cerveau retrouvent leur calme habituel. Nous sommes de nouveau prêts à faire face à une deuxième source de stress, ou à une deuxième sollicitation.

4. Le niveau 2 du stress est la phase de résistance

À ce niveau de stress, la libération d'adrénaline seule ne suffit plus à faire face. Notre cerveau a besoin de renfort ! Une seconde hormone est alors produite pour venir à son secours, le **cortisol**. Cette hormone est bénéfique pour notre santé à condition qu'elle ne soit pas produite en trop grande quantité. À ce stade du stress, notre corps commence à « lutter ». À trop être sollicité, notre équilibre biologique a plus de mal à se rétablir. Prenons deux exemples, où vous allez comprendre que notre simple téléphone du départ peut avoir des conséquences plus importantes.

- **Je suis une personne de 55 ans, active professionnellement.**

Au bureau, le téléphone sonne. Mais pendant que je résous le ***problème*** *de mon interlocuteur, se rajoute la sonnerie de ma messagerie électronique me prévenant d'un mail à traiter en* ***urgence****. Dans le même temps, mon collègue vient me solliciter pour un dossier* ***important****, alors qu'en plus, travaillant en open space, je suis déjà envahi par le* ***bruit*** *environnant et dois multiplier les efforts pour parvenir à me concentrer… Et ce, presque chaque jour de l'année…*

Cette situation vous est-elle familière ?

- **Je suis une personne de 75 ans.**

Pour faire plaisir *à ma petite-fille, j'ai accepté de* ***garder mes arrière-petits-enfants****, âgés de 12 mois et 4 ans. Je souffre d'****arthrite*** *et j'ai du* ***mal à me déplacer****. Le petit dernier trotte à 4 pattes dans toute la maison alors que sa sœur me sollicite sans cesse pour jouer…*

Avez-vous déjà vécu cette situation ?

Dans les deux exemples évoqués, les sources de stress de manière isolée sont gérables, mais cumulées à plusieurs autres agents stressants en même temps et sur la durée, elles deviennent plus compliquées à vivre, parfois plus déstabilisantes ou anxiogènes. Notre corps doit alors puiser dans ses réserves et lutter pour faire face, d'où la phase dite de **RÉSISTANCE** : tensions physiques (douleurs musculaires et articulaires, maux de tête, problèmes digestifs…) et émotionnelles (peur de ne pas y arriver, énervement…).

Puis si le stress perdure encore ou s'intensifie, nous rentrons alors dans la phase 3, dite **d'ÉPUISEMENT :**

1. si **la source de stress ne disparaît pas** ;
2. si **la situation stressante persiste** longtemps ou s'intensifie ;
3. s'il y a **plusieurs agents stressants en même temps** (surcharge de travail, soucis financiers, imprévus, agents anxiogènes, choses à réaliser, douleurs, changements...).

C'est-à-dire que si on rajoute à notre premier exemple une rénovation de maison + l'accompagnement d'un parent malade + des problèmes financiers, ou que dans notre deuxième exemple, en plus du stress occasionné par la garde des enfants, se rajoutent la maladie du conjoint + un décès récent d'un ami + un déménagement en vue + divers imprévus...

C'est TROP, TROP, TROP...

Le stress devient chronique. Les capacités de notre organisme s'épuisent. Nos propres limites d'adaptation au stress sont dépassées, **nous basculons alors du stress moteur (+) au stress toxique (–)**. Plus nous avons d'agents stressants auxquels nous devons faire face, moins nous sommes bien et sereins. Cet état est fréquemment source de mal-être. Chacun d'entre nous réagit différemment, cependant le stress engendre souvent urgence, précipitation, pression et échec. Nous faisons tout vite à 100 à l'heure, entraînant alors fatigue, agressivité, énervement, tensions, oppression, perte de confiance et difficulté à prendre du recul... Ce sont tous les ingrédients néfastes au bien-vieillir et à la longévité !

Journal DE BORD

ÉVALUATION DE MON ÉTAT DE STRESS

Chers lecteurs, afin de vous libérer au mieux de votre stress, je vous invite à vous munir de votre carnet personnel pour évaluer votre état de stress à travers ces quelques questions. N'hésitez pas à faire évoluer votre réflexion les jours à venir en fonction de vos ressentis et besoins du moment.

1. À l'heure actuelle, je me sens plutôt : fatigué, usé, en forme, souvent soucieux, bien, sous pression, toujours tendu, serein…

2. Qu'est-ce que je ressens quand je suis stressé ?
   - Au niveau physique (ce que je ressens dans mon corps)
   - Au niveau mental, comportemental et émotionnel (mes pensées, mes comportements, les émotions qui émergent)

3. Quelles sont mes plus grandes sources de stress que je vis actuellement ? (si j'en ai)

4. Quand je suis en état de stress IMPORTANT, quels sont mes besoins ? (parler, être écouté, être rassuré, rire, crier, méditer, courir, aller en contact avec la nature, m'évader…)

5. Qu'est-ce que j'ai déjà mis en place pour me ressourcer ? Quels sont mes antidotes anti-stress ?

Astuces & Conseils

ASTUCE À METTRE EN PLACE DÈS LES PREMIERS SYMPTÔMES DE STRESS

Stoppez vos activités pendant **environ 10 minutes** pour faire une pause « ressourcement », efficace et bienfaitrice, et allez boire un grand verre d'eau. Le stress nous déshydrate… et la déshydratation nous stresse ! Donc, en état de stress, il est important de ramener à notre corps ces deux carburants principaux : **l'air et l'eau** !

MAIS ATTENTION ! Ne rentrent pas dans cette pause des activités qui vont rajouter du stress à votre état actuel et nuire à votre santé, telles qu'aller fumer une cigarette, boire un café, se jeter sur la plaquette de chocolat, téléphoner à une copine qui va vous transmettre ses angoisses...!

NON, je parle d'une « **VRAIE PAUSE** » où **corps et esprit seront en décompression**, où la respiration sera au cœur de votre ressourcement. Vous pourrez par exemple aller prendre l'air, marcher lentement en conscience tout en respirant, contempler, vous étirer, enrouler votre dos, réaliser vos exercices de respiration tels que ceux déjà appris dans les deux premiers pas...

Pour **éviter l'épuisement**, si vous travaillez, **déconnectez-vous au moins 30 minutes par jour, loin de votre téléphone, tablette, ordinateur**… et offrez-vous le luxe de ne **rien faire** !

Sinon prévoyez une **« VRAIE » pause** « déconnexion » de minimum **90 minutes, une à trois fois par semaine** (sieste, marche tranquille en lien avec la nature…). Il en est de même pour vous, chers amis retraités ! Il est important de savoir vous préserver.

S'octroyer une pause est indispensable pour permettre au corps de recharger ses batteries, prendre du recul sur les choses et les évènements, laisser venir les solutions et recréer de l'espace pour mieux repartir !

5. Surmenage = Burn-out

OUI, le syndrome d'épuisement professionnel est considéré comme un état de fatigue émotionnelle, mentale et physique après **des mois, voire des années de stress et de surmenage**. Concrètement, « burn-out » signifie « brûler de l'intérieur », se « consumer ». Le corps ne répond plus, il est en état d'épuisement total. C'est le **symptôme du « TROP »**, de la « goutte qui fait déborder le vase ».

Comme vous l'aurez compris, l'origine du burn-out vient de stress importants et répétés. En fait, nous passons tous régulièrement par ces trois phases, et même souvent au cours de nos journées. Mais quand la phase 3 d'épuisement persiste beaucoup trop longtemps, lorsqu'elle s'ancre dans le temps, l'état de fatigue est tel que le corps se met à l'arrêt. Ses batteries se vident, il ne fonctionne plus.

Lors des conférences que j'anime sur le thème du burn-out, ou lors de mes accompagnements, j'entends toujours les mêmes témoignages : « Tout est allé très vite, je n'ai rien vu venir. », « Tout allait bien, et un matin, mon corps n'a plus répondu, je ne pouvais plus bouger ni même penser. », « Soudainement je me suis senti vidé et déconnecté de moi-même, presque sans vie. », « Je ne comprends rien à ce qui m'arrive. » Le danger est que **le pas entre le stress chronique et le burn-out est infime et sournois**. Néanmoins, pour chacun d'entre eux, leur burn-out a été une épreuve **salvatrice**. Ce cri d'alarme amène généralement à un changement radical de vie beaucoup plus saine, sereine et épanouie. C'est un moment de **remise en question qui permet de prendre un nouvel élan vers une vie plus juste et équilibrée**.

Avoir toujours le nez dans le guidon n'a jamais été salutaire et constructif. C'est comme essayer de faire rentrer dans un ballon de baudruche plus d'air qu'il ne peut en contenir. Sous la pression, il va exploser ! Ma chère grand-mère, d'origine piémontaise (Italie), me répétait souvent : « *Chi va piano, va sano, e va lontano* », ce qui veut dire en français « Qui va doucement, va sûrement et va loin (et longtemps !) ».

RESSOURCEMENT EN 3 TEMPS

Bienfaits : libération rapide du stress et des tensions, détente musculaire et activation positive

Je vous propose de pratiquer chaque étape 3 à 6 fois.
En position assise, les pieds sont bien à plat au sol, le dos droit.

1. Dans un premier temps, **en inspirant par le nez**, tendez **vos bras et vos jambes** horizontalement devant vous (en respectant bien entendu vos limites). Faites une **légère apnée** puis, en **expirant par la bouche** très lentement, vos jambes et vos bras reviennent en **position de repos**.
2. Dans un deuxième temps, en **position de repos**, les pieds au sol, **pensez à un mot** qui représente pour vous le **calme** (« sérénité », « bien-être », « plénitude », « zen », « cool »…). Sur chaque **inspiration, nommez** ce mot mentalement et sur chaque **expiration**, imaginez que vous le **diffusez dans tout votre corps**, comme si vous étiez sous une douche de bien-être : sur votre peau, sur vos membres, à l'intérieur de votre corps...
3. Dans un dernier temps, **associez le 1 et le 2** : sur **l'inspiration, tendez vos membres** en occupant tout l'espace devant vous si vous en avez envie (comme une fleur qui s'ouvre, une étoile de mer, un oiseau qui déploie ses ailes), en pensant à votre **mot**, et sur **l'expiration relâchez** en le **diffusant** en vous. Puis prenez le temps d'observer comment vous vous sentez.

Cet exercice peut être fait avec d'autres mots en lien avec votre besoin du moment : énergie, santé, équilibre, joie, confiance, abondance…

6. La tranche d'âge la plus touchée par le burn-out

Les personnes les plus touchées par le surmenage sont la tranche des 50-60 ans (comme vu en première partie de cet ouvrage), mais les plus sujets aussi à l'épuisement sont les **proches aidants**. Il s'agit de personnes qui veillent jour et nuit sur leur conjoint atteint par exemple d'Alzheimer ou autres maladies, en laissant leur vie entre parenthèses. Si vous êtes, cher lecteur, dans cette situation, il est indispensable que vous appreniez à prendre soin de vous. Car d'une part, un aidant malade n'est plus d'une grande aide, bien au contraire, et d'autre part, n'oubliez jamais que vous aussi êtes important !

Alors, que vous ayez 50, 60, 70, 80 ans ou plus, votre priorité doit être votre santé et votre bien-être. Il est primordial, dans un contexte difficile, de ne pas vous oublier pour autant et de prendre le temps de vous ressourcer. Notre esprit est illimité (nous pouvons sans cesse créer de la pensée et imaginer), mais notre corps physique, lui, a ses limites. Il est fondamental d'en prendre conscience, d'être à son écoute et de le respecter !

Astuces & Conseils

MON ESPACE COCOONING

Il est vrai qu'il n'est pas toujours facile de se ressourcer chez soi. C'est la raison pour laquelle je vous invite à créer votre **petit espace « cocooning »** : un coin chaleureux où l'énergie sera positive et apaisante. Il n'y a pas besoin d'un grand espace, juste d'un endroit propice au bien-être et à la détente, un lieu à votre image où pourront se trouver par exemple : un fauteuil confortable, un tapis de sol, des coussins, un zafu, des musiques de relaxation, une plante verte (ou un bonsaï), une déco « zen », un diffuseur d'huiles essentielles, des balles de massage, un carillon, une fontaine d'intérieur, des bols tibétains... Bref, un espace conçu par vous et rien que pour vous, où tous vos sens seront en éveil.

Savez-vous que notre **cerveau** a la capacité **d'associer ce lieu à un état de détente** (et encore plus si on y ajoute des odeurs), et que le simple fait de vous y replonger vous apportera déjà beaucoup d'apaisement et de sérénité ? Votre coin cocooning peut être aussi dans votre jardin ou en plein cœur de la nature (plage, forêt, montagne...).

Il est intéressant aussi d'apprendre à se faire des **pauses de cloisonnement** pour se rendre disponible après une journée de travail, une situation stressante, un rythme soutenu...

Créez un rituel de transition entre deux activités, entre différents temps de votre journée. Votre espace cocooning sera idéal pour ces moments de transition et vous aidera à redémarrer sur une autre action avec plus d'énergie et d'envie.

7. Le stress représente :

Environ 60 % des consultations médicales, selon l'OMS. En effet, le stress a de nombreuses conséquences émotionnelles, corporelles et comportementales (troubles du sommeil, variation d'humeur, problème relationnel, perte de confiance, addiction...). D'ailleurs, malheureusement, trop de personnes noient leur stress dans l'alcool ou imaginent le faire partir en fumée ! La solution est loin d'être là, bien au contraire.

Comme le souligne si judicieusement Véronique Charmetant (pharmacienne, tabacologue et sophrologue), dans son programme « Une vie sereine sans tabac » (qui combine les apports des neurosciences et de la sophrologie) :

« Fumer ou bien vieillir, il faut choisir ! Fumeurs, si vous voulez bien vieillir et vieillir en bonne santé, arrêter de fumer est certainement la meilleure décision que vous pouvez prendre pour vous. Car sournoisement, votre chère (dans tous les sens du terme) compagne cigarette, vous fait du tort un peu plus chaque jour et vous prépare un mauvais sort... Arrêter de fumer, c'est à la fois simple et complexe, car c'est une réelle dépendance physique, émotionnelle et comportementale. Mais loin d'être impossible, le premier pas est le plus dur à franchir, mais il n'est rien comparé aux nombreux bénéfices qu'il va vous procurer ».

Savez-vous que fumer réduit votre espérance de vie de 10 à 15 ans ? Que chaque cigarette fumée équivaut à 11 minutes de vie perdue ? Alors, si vous êtes fumeur, n'attendez pas de vous consumer à petit feu. Réagissez, faites-vous aider, pour vous et vos proches. Vous avez encore tant de belles choses à vivre !

8. L'échelle de Holmes et Rahe

Elle correspond **aux niveaux de stress** cumulé sur les **deux dernières années**. C'est en 1967 (le stress était déjà d'actualité !) que les docteurs Thomas Holmes et Richard Rahe ont établi une classification où chaque niveau correspond à un nombre de points. Plus ils sont élevés, plus le stress engendré est important. Parmi les stress majeurs, on retrouve les problèmes d'argent, décès d'un proche, divorces, déménagements, maladies graves ou accidents, licenciements, grossesses...

mais aussi les fêtes de Noël, mariages, naissances et départs à la retraite ! À la vue de cette liste, on constate que le stress n'est pas uniquement lié aux évènements négatifs mais aussi aux merveilleux moments d'une vie. Ces situations heureuses n'en restent pas moins stressantes, en raison des très nombreux changements qu'elles occasionnent et qui viennent bousculer nos repères. Elles nécessitent donc plus d'adaptation et d'énergie. Mais sachez que vous n'êtes jamais seul pour surmonter les différentes épreuves de la vie, qu'elles soient négatives ou positives. Beaucoup de stresseurs sont bien plus légers et acceptables quand nous avons de l'aide pour les gérer, les comprendre, les surmonter.

Mais qu'il est parfois difficile de demander et surtout d'accepter de l'aide ! Il n'y a aucune honte à solliciter les autres, bien au contraire. Ce n'est en aucun cas un signe de faiblesse. Selon l'éducation reçue, nous pouvons avoir le sentiment d'être redevable, de gêner, de déranger. Nous avons aussi parfois du mal à accepter d'avoir besoin d'aide. Pourtant, qu'il est confortable d'être épaulé et secondé, de ne pas tout porter seul sur ses épaules ! Et qu'il est également agréable de pouvoir aider et seconder à son tour !

9. Le stress est-il une émotion ?

Non. Comme nous venons de le voir, le stress n'est pas considéré comme une émotion en soi mais plutôt comme un mécanisme d'adaptation. Cependant, il est en lien direct avec elles car derrière chaque stress se cachent un besoin (de respect, d'amour, de sécurité, de temps, d'argent…) et une émotion (telle que la peur, la tristesse, la colère…).

La peur étant notre premier frein vers le changement, elle nous empêche souvent d'avancer. Comme disait si bien Franklin Roosevelt : « La seule chose dont nous devons avoir peur est la peur elle-même ». Vivre toujours dans la peur engendre en nous des contractures musculaires et des tensions qui nous maintiennent dans un état vibratoire néfaste. Plus j'ai peur de quelque chose et plus je l'attire à moi. On attire ce sur quoi nous fixons le plus notre attention. Par exemple : plus j'ai peur de manquer et plus j'attire le manque. Plus j'ai peur de rater et plus j'attire l'échec. Plus j'ai peur de ne pas être à la hauteur et moins j'aurai confiance…

Mais attention de ne pas confondre peur et sabotage. La peur est une émotion, elle est légitime et activée face à un fait réel. Quant au « saboteur », il est le pur fruit de notre imagination. Il fait partie de l'irréel, du virtuel. C'est notre tendance à nous mettre des bâtons dans les roues, à être dans le déni, à nous trouver des excuses. C'est cette petite voix qui nous répète sans cesse que nous n'y arriverons pas, que ce n'est pas pour nous, que ce n'est pas possible… Donc, savoir gérer notre stress, c'est aussi apprendre à **être à l'écoute de nos émotions** et de nos **besoins fondamentaux**. Il est souvent difficile de réussir à contrôler nos émotions au moment où elles nous submergent. Nous avons parfois besoin, là aussi, d'un petit coup de pouce extérieur, nous permettant de mieux vivre cet instant. La florithérapie peut être une de ces aides.

10. Le stress est-il aussi une histoire de perception ?

OUI, bien entendu, car le stress peut aussi se définir comme un DÉSÉQUILIBRE que l'on **ressent** entre un objectif à atteindre (une tâche, un résultat, une épreuve à surmonter, une situation à régler, une problématique, une situation de changement…) et les **ressources** dont on **pense** disposer pour y parvenir.

1. On ressent : nos émotions, nos besoins, nos ressentis.
2. Nos ressources : physiques, émotionnelles, mentales, mais aussi nos ressources de temps, financières, les aides, les moyens…
3. On pense : nos pensées, nos croyances, nos perceptions…

C'est quand le déséquilibre devient trop grand entre ce que je perçois et les ressources dont je pense disposer que je suis en état de stress important, ce qui occasionne une perte de repères, de moyens, de mauvaises réponses à la situation. Notre perception est façonnée par notre vécu et par nos croyances, mais aussi par notre mode de pensée et notre capacité à savoir utiliser nos ressources. En effet, face à une situation stressante, nous sommes en capacité (consciente ou inconsciente) d'apporter deux types de réponses, diamétralement opposées :

Astuces & Conseils

OSER DEMANDER ET ACCEPTER DE L'AIDE

Que ressentez-vous quand vous donnez avec le cœur de votre temps, de votre argent, de votre savoir, de votre amour… à quelqu'un de proche ou de moins proche, voire à une personne parfaitement inconnue ? Aider est un sentiment très fort qui nous permet d'exister, de créer le lien, d'aimer, d'être utiles. Il permet de partager, d'évoluer et de faire évoluer, de contribuer, d'avoir de la reconnaissance envers soi-même et les autres.

Combien de fois a-t-on sollicité votre aide ? Combien de fois avez-vous été fier et heureux de pouvoir rendre service, participer à une action, redonner le sourire à une personne, soulager, réconforter ? Beaucoup, j'en suis certaine. Partager, c'est tout simplement exister ! Donc, si vous êtes heureux de rendre service, pourquoi les autres ne seraient-ils pas heureux de vous aider à leur tour ? Pourquoi les priver de tout ce bonheur ? Osez demander avec le cœur et préparez-vous… à recevoir ! Plus vous donnez, plus vous recevez, et plus vous recevez, plus vous pouvez donner !

Si vous n'avez pas de famille, amis ou connaissances susceptibles de vous épauler, il existe de très nombreuses associations ayant pour vocation d'aider les personnes en difficulté ou en cours de changement. N'hésitez pas à vous renseigner sur Internet ou dans votre mairie au sujet des associations qui correspondent à vos besoins. Puis osez aller pousser leur porte ! Vous rencontrerez de nouvelles personnes humaines, bienveillantes, sans jugement envers vous et ayant les réponses à vos stresseurs. Vous en repartirez avec le sourire et la confiance d'un nouveau jour plus positif !

Astuces & Conseils

À AVOIR TOUJOURS DANS VOTRE SAC !

Pour vous, cher lecteur, j'ai demandé à une amie florithérapeute, **Isabelle Bourdeau**, de vous parler en quelques mots du **REMÈDE DE SECOURS** :

« Le REMÈDE DE SECOURS ou D'URGENCE est une extraordinaire combinaison de 5 fleurs, élaborée par le docteur Bach pour pallier une situation de stress ou d'angoisse à un "instant t". Ces cinq fleurs (clématite, prunier, impatience, hélianthème et étoile de Bethléem) couvrent la quasi-totalité des mécanismes liés au stress et à la perte de contrôle émotionnel. C'est une aide précieuse en cas de traumatisme, de peur panique, d'hypersensibilité, de gestion d'une situation délicate, de deuil... Son usage peut être fréquent car il n'y a pas de risque de surdosage, d'accoutumance ou d'allergie. Tout comme pour l'ensemble des fleurs de Bach, il est aussi compatible avec tous traitements médicamenteux.

Posologie conseillée : 4 gouttes ou 2 pulvérisations directement dans la bouche ou dans un verre d'eau, à renouveler jusqu'à apaisement ».

Je vous invite donc à vous munir d'**un flacon de cette fabuleuse combinaison**, et de le conserver toujours dans votre sac ou à portée de main. Il fait partie des indispensables, au même titre que l'arnica ! Vous pourrez vous procurer également des fleurs ou élixirs floraux ayant tous une action bien spécifique pour le stress, la confiance en soi, les nuits paisibles, la détente, le courage, la créativité... utilisables par voie orale (sous forme de gouttes) ou par voie olfactive (senteur) pour les élixirs essentiels.

Pour encore plus d'efficacité, n'hésitez pas à prendre rendez-vous avec un florithérapeute qui, après un entretien, vous confectionnera un flacon personnalisé de plusieurs fleurs, adaptées à vos ressentis et besoins du moment.

1 soit je perçois la situation comme un **défi** (+) : une épreuve qui va me permettre d'aller puiser au fond de moi mes ressources, me surpasser, créer, évoluer. Du coup, j'analyse, je cherche et je mets en place des **solutions**.

2 soit je perçois la situation stressante comme une **menace** (–) : un danger, une source de **problèmes**. Dans ce cas, je n'arrive pas à prendre le recul nécessaire à la réflexion et j'apporte souvent des réponses inadaptées.

En résumé, **face à une même situation**, soit je me focalise sur le problème, soit sur les besoins associés à ce problème et par conséquent sur la solution à appliquer. Certains verront en elle une opportunité et d'autres un obstacle, une « galère » ! Ce n'est donc pas l'évènement ou la situation en soi qui est stressant, mais bien **le regard que l'on porte** sur cet évènement.

Comme vous l'aurez compris, bien plus que la source de stress elle-même, c'est notre façon de la percevoir et nos réactions émotionnelles qui vont en déterminer son niveau. Fait aussi non négligeable, notre perception se modifie avec l'âge. Par exemple, conduire une voiture ou prendre l'avion à 20 ans est généralement du plaisir, mais peut constituer un élément bien plus stressant à 80 ans. De la même façon, déménager à 30 ans est vecteur d'énergie mais devient souvent une source anxiogène à un âge avancé.

11. L'art de savoir prendre du recul s'appelle :

La relativisation, qui passe bien entendu par l'apprentissage du **lâcher-prise sur nos pensées et nos croyances**. C'est l'art de prendre du recul sur les évènements, de leur donner moins d'importance, les dédramatiser. Ruminer le négatif n'a jamais aidé personne à être heureux et en bonne santé. Combien de fois stressons-nous pour des choses qui se sont passées il y a bien longtemps ? pour des broutilles ? pour des évènements sans importance ? pour des suppositions, des rumeurs, qui ne sont même pas réelles ? Nous pourrions devenir réalisateurs de film-catastrophe tellement nous débordons d'imagination ! **Toutes les situations imaginées ne font pas partie de notre vécu, de notre réalité.**

Et du coup, toutes les pensées négatives deviennent alors des stimuli auxquels nous devons nous adapter. Apprendre à lâcher prise sur nos pensées et à les transformer en positif nous libèrera de beaucoup d'angoisses non fondées. Donc, le lien entre stress et pensée est inévitable, car **nous avons tendance à nous identifier à nos propres pensées sans nous demander si ce que nous pensons est vrai**. C'est pourquoi, j'ai envie de partager avec vous une astuce en or, juste trois petites questions qui vous aideront à prendre du recul sur vos pensées et sur les évènements :

Astuces & Conseils

À NOTER EN GRAND ET À AFFICHER SUR VOTRE FRIGO !

1. Est-ce **VRAI** ?
2. Est-ce **GRAVE** ?
3. Mon attitude est-elle **JUSTE** et **APPROPRIÉE** ?

Je m'explique. Chaque fois que vous aurez une pensée ou une émotion désagréable, faites dans un premier temps un « **STOP** », comme un arrêt sur image. Puis, posez-vous ces trois petites questions toutes simples, mais cela dit très efficaces.

Prenons un exemple : le fameux « coup de fil » des enfants ou petits-enfants pour avertir qu'ils sont bien arrivés chez eux ou sur leur lieu de vacances. Supposons que le coup de téléphone ou le SMS ne parvienne pas dans les temps prévus.

Notre imagination va alors battre son plein et la peur qu'il leur soit arrivé un problème sur la route sera grandissante. Nous aurons bien entendu tendance à penser « Ce n'est pas normal, ils auraient déjà dû appeler. Mais qu'est-ce qui se passe ? » Si ces pensées viennent à votre esprit, alors stoppez-les net, respirez profondément plusieurs fois et posez-vous cette première question : **est-ce vrai ?** Est-ce vrai qu'il leur est arrivé quelque chose de fâcheux, une panne, un accident ? NON, dans la mesure où pour l'instant rien n'a été affirmé dans ce sens. Votre pensée est juste la pure vision de votre imagination et de votre état émotionnel. **Est-ce grave ?** Oui, s'il leur était arrivé un accident important. Mais NON, puisque vous venez de répondre négativement à la première question. Il y a de fortes chances qu'ils soient en train de boire un verre « tranquillou » sur le bord de mer pour savourer le début de leurs vacances, ayant oublié ce léger petit détail d'appeler leurs parents ou leurs grands-parents ! **Mon attitude est-elle juste ? Est-ce que cela vaut la peine que je me mette dans cet état d'angoisse ?** NON, car rien n'est réel au moment de votre pensée. Tout est pure imagination, c'est seulement l'émotion de la peur qui a créé en vous ces pensées négatives.

Comprenez-vous ce concept ?

Autre exemple, tiré de mon expérience avec les sportifs. Face à une compétition, un enjeu important, ils ont souvent tendance à penser que leurs adversaires sont meilleurs qu'eux et que la victoire leur revient. **Est-ce vrai ?** OUI, certains adversaires ont un meilleur niveau reconnu, mais NON sur le fait que c'est une évidence et une réalité que l'un d'entre eux va remporter la victoire. Avoir cette pensée, c'est se déclarer perdant avant même d'avoir commencé, et pire encore, c'est offrir à l'adversaire la victoire sur un plateau. C'est le propre du sport, un coup on gagne, un coup on perd. Rien n'est linéaire, rien n'est figé. Chacun a sa chance à chaque compétition de réécrire l'Histoire. Donc, même le meilleur des champions reste un humain et n'est pas infaillible ! **Est-ce grave ?** NON, puisque ce n'est pas une vérité ! Et quand bien même ce serait la vérité, ce n'est pas non plus si grave que cela car il y aura encore de très nombreuses opportunités de gagner un podium ou un classement. L'échec en soi n'existe pas, il représente seulement l'une des marches à gravir pour s'accomplir ! Donc, une des règles majeures dans la gestion du stress et des émotions est **l'art de relativiser**, mais aussi notre capacité à ne pas faire trop de **suppositions négatives** !

Donc, si nous résumons :

Le stress est indispensable à la vie. Il ne s'agit donc pas de le vaincre coûte que coûte, et encore moins de repousser toujours plus loin nos limites d'adaptation, mais tout simplement de vivre avec un niveau de stress acceptable pour chacun d'entre nous, de trouver notre juste limite.

Et bien doser son stress permet :

1. De **vivre mieux**, plus **heureux** et plus **vieux** !
2. De le **sublimer** (stress +) plutôt que de le subir.
3. **D'éviter l'épuisement** et de nombreux maux.
4. De prendre du **recul** sur les choses et les évènements.
5. De vivre plus en **équilibre et en harmonie**, plus serein.
6. De mieux vivre ses **émotions**, d'oser aller **de l'avant**.
7. De ne pas se mettre en danger, mais de se **stimuler**.
8. D'être plus **efficace et performant**.
9. D'**économiser** et de **mobiliser** son **énergie**.
10. De trouver plus facilement **des solutions** à nos problèmes.

Lors du prochain pas, nous verrons plus en profondeur le lien entre pensées et stress, et comment aborder plus sereinement et positivement une situation stressante. Mais pour clôturer ce chapitre, je vous invite, si vous le souhaitez, à prendre un peu de votre temps pour identifier certaines de vos sources de stress.

Journal DE BORD

J'IDENTIFIE MES SOURCES DE STRESS

- Notez simplement dans votre carnet tous les éléments qui sont pour vous des sources de stress : **ceux qui vous mettent sous tension ou mal à l'aise, vous angoissent, vous déstabilisent, vous énervent, vous font peur, vous font perdre votre sang-froid, vous épuisent...**

- Puis notez quelles sont **vos peurs associées** ou les **raisons**.

Exemples :

Mes STRESSEURS	POURQUOI/RAISONS
Les bouchons sur la route	Peur d'arriver en retard, jugement. Nécessité de partir plus tôt. Fatigue, conduite plus pénible...
La technologie	Perdre du temps à chercher comment marche telle ou telle fonction. Peur de ne pas y arriver...
Les compétitions	Peur de perdre mes moyens, peur de l'échec, de ne pas être sélectionné/reconnu...

...

Mes STRESSEURS	POURQUOI/RAISONS
Le manque d'argent	L'insécurité, toujours calculer, peur de ne pas pouvoir payer mes factures, frustration de ne pas pouvoir gâter mes enfants et petits-enfants…
L'entrée dans la retraite	Peur du temps qui passe, peur de m'ennuyer, de tourner en rond, d'être isolé, de ne plus voir mes collègues, de ne pas me sentir utile, de manquer d'argent, de ne pas supporter mon conjoint !

Astuces & Conseils

Puis, je vous invite à laisser cette liste de côté, et à tête reposée, dans le calme, à reprendre un de vos stresseurs et voir comment il vous est **possible d'apporter une solution, de le supprimer ou tout du moins de le rendre plus acceptable et confortable pour vous**.

SÉANCE AUDIO

MA BULLE DE DÉCOMPRESSION

Séance n° 3

Séance non adaptée aux personnes à mobilité réduite

Pour clôturer ce pas, je vous propose, si vous le souhaitez, de stopper là votre lecture quelques instants et de vous laisser bercer par ma voix. Cette séance a pour intention de vous faire découvrir quelques **exercices simples de ressourcement**, que vous pourrez pratiquer **debout** à tout instant, au travail, en balade, chez vous… L'objectif est de vous libérer des tensions physiques et mentales, et vous apporter rapidement détente et bien-être.

Au programme de cette séance :

Posture d'ancrage – Étirements guidés, accompagnés de votre respiration – Détente de la tête, de la nuque, des épaules et du dos – Relâchement musculaire de l'ensemble du corps.

Suite à la séance, si je le désire, je peux noter les mots qui me viennent à l'esprit, ceux qui représentent ma « météo intérieure » du moment, qui expriment ce que je ressens.

....

....

....

Actions & Défis

IDÉES D'ACTIONS À EXPÉRIMENTER SUR LES 3 PROCHAINS JOURS !

1. Prenez le temps de faire de **VRAIES PAUSES** de désamorçage au cours de votre journée, et autorisez-vous sur ces 3 jours à vous déconnecter de toutes sources de stress pendant au moins **30 à 90 minutes**. Partez marcher dans la nature en mode « contemplatif » ou relaxez-vous sur votre transat en écoutant de la musique douce, tout en respirant en pleine conscience par exemple... Libre à vous bien sûr de trouver votre activité « ressource » la plus adaptée.

2. Expérimentez la **règle des 3 questions : « est-ce vrai, grave, juste ? » chaque fois qu'une pensée négative et anxiogène viendra à votre esprit**, en conscience.

3. Et pourquoi pas, reprenez votre liste de **stresseurs**. **Choisissez-en un parmi eux**, et réfléchissez aux solutions que vous pourriez mettre en place pour qu'il devienne **plus acceptable**. N'hésitez pas à noter, sur vos pages de notes personnelles, comment vous avez réussi à prendre du recul, à relativiser, à apporter des pistes et **félicitez-vous** de ce premier pas !

4. Et enfin, prenez le temps d'expérimenter à votre rythme sur ces 3 jours quelques **astuces de votre choix et exercices**, notamment l'exercice de ressourcement en 3 temps ou ceux découverts lors de votre séance guidée.

4e PAS

PRENDRE LE POUVOIR SUR VOS PENSÉES

POUR ATTIRER PLUS DE POSITIF DANS VOTRE VIE

∞

« CE QUE NOUS SOMMES AUJOURD'HUI VIENT
DE NOS PENSÉES D'HIER, ET NOS PENSÉES PRÉSENTES
CONSTRUISENT NOTRE VIE DE DEMAIN. »

BOUDDHA

Comme vous l'avez compris, nos pensées influent beaucoup sur notre état émotionnel comme notre stress influe sur nos pensées ! Nous pensons beaucoup trop et pas forcément de manière positive et constructive ! Et le pire, c'est que nous avons la fâcheuse tendance à nous identifier à nos pensées et à nos croyances. À force de se dire par exemple que l'on est « nul » ou « incapable », ou que nous ne sommes pas « légitime », « à notre place », on arrive à s'en convaincre, oubliant toutes les belles choses que nous avons déjà été capable de réaliser dans notre vie. Pourtant, elles sont très nombreuses ! Il suffit de prendre le temps de les voir et de les savourer à nouveau pour en redonner l'information à notre cerveau. Mais le comble, c'est qu'en laissant le pouvoir à nos pensées négatives, nous passons à côté de magnifiques opportunités. Certes, la vie n'est pas un long fleuve tranquille et tout est loin d'être rose, mais tout n'est pas noir pour autant. Pour bien vieillir et donner un nouvel élan à sa vie, il est nécessaire d'apprendre à transformer nos pensées toxiques en pensées motrices, afin de modifier nos perceptions et croyances souvent fausses et erronées. Êtes-vous d'accord avec moi pour dire qu'il est beaucoup plus important d'envisager l'avenir avec optimisme qu'avec pessimisme ? Les résultats obtenus seront bien différents et rendront votre vie bien plus heureuse et épanouie.

Au cours de ce pas, vous découvrirez des astuces pour vous libérer de ces pensées afin de leur donner une intention et une dynamique plus positive. Vous aurez également l'occasion de faire un merveilleux voyage à travers vos nombreuses réussites et ressources, ces trésors inestimables. Prendre conscience de vos forces sera un début pour évoluer et accéder à de multiples solutions et opportunités.

QUIZ

1. **« Il n'y a pas de problèmes, que des solutions ».**

   Je suis : Optimiste ◯ Pessimiste ◯

2. **Pouvons-nous prendre le pouvoir sur nos pensées ?**

   OUI ◯ NON ◯

3. **Il est préférable de penser :**

   Je ne veux pas être malade ◯ Je veux être en bonne santé ◯

4. **En situation de stress, il vaut mieux se parler mentalement en utilisant le :** « Je » ◯ « Tu » ◯ « Il » ◯

5. **Notre cerveau est :** Émetteur ◯ Récepteur ◯

6. **Nos pensées ont un impact sur notre santé :**

   OUI ◯ NON ◯

7. **« La vie est un combat » est une :**

   Métaphore de vie ◯ Croyance ◯ Vérité ◯

8. **Notre cerveau change tout au long de notre vie :**

   FAUX ◯ VRAI ◯

9. **Quel outil favorise ce changement ?**

   La projection ◯ La visualisation ◯ L'attraction ◯

10. **L'eau facilite la pensée :** OUI ◯ NON ◯

11. **La pensée est en lien avec l'estime de soi :**

    OUI ◯ NON ◯

Réponses & BIEN PLUS

1. « Il n'y a pas de problèmes, que des solutions » :

Si votre mode de pensée est le suivant, vous êtes en effet plutôt de nature **optimiste**. Comme disait Winston Churchill : « Un pessimiste voit la difficulté dans chaque opportunité, un optimiste voit l'opportunité dans chaque difficulté ! ». Le pessimiste a tendance à rester bloqué sur une situation, sans réussir à se projeter positivement sur les solutions à apporter. Être optimiste, c'est être acteur et non pas spectateur d'une situation, c'est être responsable, autonome, c'est choisir d'avancer de manière optimiste plutôt que de subir. Certaines personnes ont trop l'habitude de se dire « réalistes » face aux difficultés et en oublient du coup leur capacité à rebondir. Il est plus facile de se plaindre que d'agir. L'optimisme est une véritable force, une énergie positive qui attire les bonnes choses à soi. Selon certaines études scientifiques, elle dépendrait de 50 % de nos prédéterminations génétiques (la capacité de notre cerveau à sécréter les hormones du plaisir) et de 10 % de notre environnement, notre vécu et notre histoire. **Il vous reste donc 40 % sur lesquels vous pouvez agir !** Et un des grands buts de ce livre est de vous aider à développer ces 40 % restant !

2. Pouvons-nous prendre le pouvoir sur nos pensées ?

OUI, bien entendu ! Je dis souvent que notre mental est notre meilleur ami si on sait s'en servir, comme notre pire ennemi si c'est lui qui nous gouverne. Reprendre le contrôle sur nos pensées est indispensable pour vivre mieux et plus heureux. Cela ne signifie pas ne plus penser et encore moins s'interdire de penser, mais juste de ne pas se laisser envahir par du négatif généralement erroné et loin de la réalité, comme nous l'avons vu lors du pas précédent. Avez-vous réussi à expérimenter la règle des 3 questions ? *Est-ce vrai ? Est-ce grave ? Est-ce que cela en vaut la peine, est-ce juste ou approprié ?* Si oui, vous avez dû remarquer comme il est confortable et apaisant de prendre du recul sur nos pensées stressantes. Les contrôler, c'est simplement lâcher prise sur notre imaginaire parfois débordant et anxiogène pour reprendre la main sur notre vie. Nos pensées négatives créent en nous des tensions, qui occasionnent à leur tour de l'agitation mentale, source de peur et d'inquiétude souvent inutiles. Apprendre à remplacer vos pensées destructrices par des pensées constructives est un trésor inestimable.

Astuces & Conseils

VOUS LIBÉRER D'UNE PENSÉE NÉGATIVE

Lorsqu'une pensée anxiogène vous envahit :

Respirez profondément 7 fois, et sur chaque expiration profonde par la bouche (comme si vous vouliez souffler dessus pour l'éloigner de vous !), dites-vous, de vive voix ou mentalement :

Je l'EFFACE, Je l'ANNULE, Je la REMPLACE !

Puis au terme de vos 7 respirations, remplacez-la par **une pensée positive** en prenant le temps de respirer et de la visualiser. Substituez tout simplement votre pensée ou image négative par une **image positive, un mot, une phrase**. Plus elle sera associée à une émotion de plaisir et de joie, plus elle prendra place en vous et modifiera votre état d'être en un état de plénitude et de paix intérieure. Cet exercice est simple et puissant dès lors qu'on a pris l'habitude de le pratiquer. Plus vous entraînerez votre cerveau à cette gymnastique, plus elle deviendra naturelle et efficace.

Nos pensées négatives sont comme des mauvaises herbes. Pour que les bonnes herbes puissent pousser, il est nécessaire de détruire les plantes qui freinent leur évolution. J'aime aussi comparer notre cerveau à une jolie boîte de rangement constituée de nombreux petits tiroirs. Dans chaque tiroir sont rangées minutieusement nos pensées. Plus nos tiroirs se chargent de négatif, plus ils deviennent lourds et pesants. Au contraire, plus ils se remplissent de positif, plus ils sont d'une sympathique légèreté. Donc, afin de l'alléger au maximum, chaque fois qu'un tiroir se vide de son négatif, remplaçons-le par son contraire. Nous avons la fâcheuse tendance à porter notre attention sur ce qui ne va pas plutôt que sur ce qui va bien, et pourtant, dans notre vie, il y a beaucoup plus de choses positives que négatives ! Pour vous aider dans ce processus, je vais partager avec vous une petite astuce.

MON CARNET DE VIE POSITIVE

(À REMPLIR LE SOIR)

Munissez-vous d'un joli petit carnet qui vous donnera envie de l'ouvrir et qui trouvera sa place sur votre table de chevet. Vous pouvez utiliser votre esprit créatif pour le personnaliser à votre guise, le rendre plus attractif. Puis, écrivez chaque soir avant de vous coucher **5 choses positives de votre journée**, qui ont éveillé en vous du plaisir, un sourire, de la joie, un changement positif (un coup de fil, une rencontre, un partage, une pensée, un petit pas, une réussite, un sourire, une intention, des rires, une rentrée d'argent, un bon repas…).

MON INTENTION DU JOUR

(À REMPLIR LE MATIN)

De la même manière, chaque matin dès votre lever, donnez une **intention à votre journée** et notez-la sur votre petit carnet. Cette intention l'illuminera car chaque jour est un cadeau et l'occasion d'un nouveau départ. Exemples d'intention : « Aujourd'hui sera un jour de joie, de rire, de légèreté, de partage, d'écoute, de plaisir, de liberté, d'abondance, d'amour… »

J'espère de tout cœur que vous prendrez plaisir à remplir votre petit carnet, et qu'il éveillera en vous de belles énergies positives.

3. Il est préférable de penser :

« Je veux être en bonne santé », plutôt que « Je ne veux pas être malade ». C'est la même chose, me direz-vous ! En fait, sur le fond oui, mais sur la forme la différence est de taille. Les apports de la neuroscience nous apprennent que notre cerveau ne comprend pas les formulations négatives. Lorsque vous pensez en utilisant la forme négative, votre cerveau va automatiquement effacer la négation. Au lieu d'intégrer « Je ne veux pas être malade », il va comprendre « Je veux être malade », ce qui change du tout au tout votre intention de départ ! Il est donc fondamental que vous intégriez cette règle dans votre mode de pensée. Apprenez à reformuler afin d'attirer à vous votre véritable désir plutôt que son contraire !

4. Face à une situation stressante

Pour se libérer du stress et augmenter la confiance en soi et en ses résultats, il est intéressant de **se parler mentalement à la deuxième personne, en utilisant le « tu »**. Cette technique, selon les dernières études en neuroscience, réduirait de **60 % notre stress**. En temps normal, se parler avec le « je » est un puissant outil car il nous rend acteur de nos pensées et donc de nos actes : je vais, je veux, j'ai envie… Mais en situation de stress, il reflète notre état d'être du moment comme par un effet miroir. De fait, si je suis stressé et que je me parle mentalement en commençant mes phrases par « je », je vais faire un « copier/coller » de mon état émotionnel du moment qui va amplifier le stress que je ressens. En revanche, le « tu » permet de se détacher de cet état émotionnel. De plus, n'est-il pas plus rassurant de se sentir coaché et encouragé par une petite voix bienveillante et stimulante ?

Quant au « il faut » ou « je dois », ils sont plus sources de pression que d'encouragement !

Il en est de même pour le mot « essayer », que nous utilisons sans cesse, qui nous prépare plutôt à l'échec qu'à la réussite. Pourquoi ? Parce que, comme disait un de mes formateurs **« Essayer, c'est tout faire pour ne pas y arriver »**, et il avait bien raison. Ce mot ne nous désigne pas comme acteur, mais comme spectateur.

Il nous dégage de nos responsabilités. Notre cerveau ne peut pas prendre en compte cette donnée car elle n'implique pas vraiment une action. Dans ce cas, remplacez plutôt ce simple mot par **« Je vais faire de mon mieux »**.

Nous avons tendance à sous-estimer le pouvoir des mots que nous employons, et pourtant notre cerveau produira des réponses différentes en fonction des mots prononcés ou pensés.

5. Notre cerveau est à la fois :

Émetteur, transmetteur et récepteur. En effet, **il émet, transmet et reçoit des énergies et des fréquences**. La physique nous apprend que chaque chose sur Terre est faite de molécules, d'atomes et d'électrons qui tournent autour d'un noyau. Nous sommes nous aussi énergie, et tout ce qui est autour de nous est énergie et vibre à une certaine fréquence. D'ailleurs, la thérapie quantique, basée sur la biorésonance, part du principe que chaque cellule de notre corps vibre à une fréquence qui lui est propre et qu'un organe malade n'est plus sur la même fréquence qu'un organe sain. Donc, notre cerveau émet et reçoit lui aussi des fréquences. Combien de fois avez-vous pensé très fort à une personne qui vous est chère et pratiquement dans l'instant vous avez reçu de ses nouvelles ? À ce moment-là, votre cerveau était l'émetteur et celui de votre ami le récepteur. En ce sens, même nos pensées sont énergie. Cela signifie que selon l'intention que nous leur donnons (amour, haine, bienveillance, croyance…), nous allons envoyer des vibrations positives ou négatives qui vont influer sur la personne qui les recevra. De même, plus nous allons porter notre attention sur ce qui ne va pas, plus nous allons amplifier ce phénomène. Tout est histoire de fréquence et de vibration. Il est important également de comprendre que nos pensées créent la matière. Regardez autour de vous. Votre table, votre canapé, votre pull, votre maison, le livre que vous tenez entre vos mains… tous ces éléments sont nés des pensées de leur créateur, de leur imagination et de la visualisation de l'objet finalisé. Donc, le pouvoir de notre mental est un pouvoir créateur. Toute création naît d'une pensée. Un architecte pense, imagine, rêve un bâtiment ou un monument bien avant ses premières fondations. La pensée précède l'action.

6. L'impact de nos pensées sur notre santé et notre vie

N'oublions pas que le père de la médecine, Hippocrate, affirmait déjà à l'époque que le corps aurait la capacité de se guérir lui-même et que le travail du médecin serait d'agir pour faciliter ce processus naturel. À méditer ! Chacun peut avoir sa propre opinion sur ce sujet. Mais quoi qu'il en soit, **il n'est plus à prouver le lien indissociable entre corps et esprit**. Et comme le mentionne à juste titre le psychiatre Christophe André, « Apprendre à gérer ces interactions nous permet d'améliorer notre santé ». Et si on part du principe que nos pensées sont capables de créer la matière, sachant que notre corps est matière et énergie, alors nous pouvons imaginer leurs impacts négatifs comme positifs sur notre corps et notre santé.

Astuces & Conseils

ASTUCE PUISSANTE ANTI-STRESS : LE « TU »

Personnellement, j'utilise cette technique naturellement depuis des années. Chaque fois que je me confronte à une situation stressante où j'aurais tendance à me laisser envahir par des doutes ou mes vieux démons, je me dis mentalement en respirant et en relaxant mon corps : « Allez Sylvie, **TU** verras, ça va bien se passer, tu vas t'éclater, tu vas tout donner, tu vas gérer, tu vas t'en sortir comme d'habitude… ».

Je trouve cela très amusant et rassurant, comme si j'avais mon petit coach personnel qui croit en moi, qui m'accompagne et me soutient. Cela permet de se libérer des peurs ou des doutes et d'avancer avec plus de confiance, et je peux vous garantir que ça marche ! Alors, à vous d'expérimenter !

Laissez-moi partager une belle histoire et vous verrez que la force du mental est un pouvoir extraordinaire. Mon cher grand-père, à l'âge de 101 ou 102 ans, victime d'une chute à son domicile, souffrait d'un traumatisme du genou. Placé à l'hôpital puis en maison de rééducation, il ne pouvait en sortir dans cet état, mais son envie de rentrer chez lui était plus forte que la douleur. À plus de 100 ans, chaque jour (voire plusieurs fois par jour), il sollicitait son kinésithérapeute pour l'accompagner en salle de rééducation faire du vélo. Son thérapeute n'en revenait pas de son courage et de sa détermination. Et c'est à force de volonté qu'il a pu rentrer assez rapidement chez lui. Sa motivation était si grande qu'il a mis toute son énergie et dirigé toutes ses pensées vers la guérison. Il se refusait de finir sa vie dans un établissement médical et encore moins dans une maison de retraite où il considérait qu'il n'y avait que des « vieux » ! Comme quoi à nouveau, ce n'est ni l'âge ni l'évènement en question qui est important, mais bien la façon dont nous y répondons. La force mentale de mon grand-père lui a été salvatrice. Tout le monde détient plus ou moins cette force en soi, mais c'est en entraînant notre cerveau à cette pensée positive et cet optimisme que nous la développerons. Donc, je peux affirmer avec un grand OUI que nos pensées agissent et influencent considérablement notre vie. Pour avoir accompagné pendant plus de quinze ans de nombreuses personnes ayant différents objectifs et projets de vie, je peux vous garantir que la force du mental est extraordinaire et que notre cerveau possède des pouvoirs fabuleux. Savoir utiliser son mental, et écouter son cœur sont les secrets d'une vie accomplie.

7. « La vie est un combat »

Est loin d'être une vérité ! C'est plutôt une croyance liée à une **métaphore de vie** qui conditionne nos pensées, nos actions, nos comportements, notre vie d'une manière positive ou négative. Ce sont des phrases que nous avons entendues pendant toute notre enfance, et qui ont façonné le regard que l'on porte sur nous et sur le monde, qui ont influencé nos différentes perceptions. Par exemple : « la vie est belle », « la vie est un merveilleux trésor », « la vie vaut le coup d'être vécue », ou au contraire « la vie est dure », « la vie est un combat », « la vie n'a pas de sens »...

Nous avons **énormément de croyances en nous**, ces pensées que nous considérons comme vérités. Elles représentent notre façon de percevoir le monde et nous-mêmes. Par exemple, croire que nous ne sommes pas capable de réussir telle ou telle chose, d'avoir du talent, de pouvoir vivre de nos passions... Ou encore que notre vie peut être merveilleuse, que nous avons de nombreuses ressources…

Si 80 % de nos croyances ne nous appartiennent pas (car elles nous ont été transmises), elles influencent pourtant énormément notre vie. Elles font partie de ces généralisations qui ont un impact sur notre façon d'aborder les évènements. Pour pouvoir faire un tri constructif, il est important de savoir faire la différence entre deux types de croyances :

1. Nos **croyances limitantes** qui sont celles qui nous freinent dans notre évolution, qui ne jouent pas en notre faveur, qui nous mènent souvent à l'échec : « la vie est dure, je suis trop vieille pour changer de métier ou apprendre de nouvelles choses, je n'y arriverai jamais, prendre des risques c'est se mettre en danger, vieillir c'est souffrir, à mon âge c'est plus possible, la retraite c'est le début de la fin… »

2. Nos **croyances ressources** sont celles qui nous font grandir, évoluer de manière positive, celles qui nous amènent sur le chemin de la réussite et de l'accomplissement de soi. Elles sont à l'opposé de nos croyances limitantes : « la vie est belle, il n'y a pas d'âge pour apprendre et vivre ses rêves, l'échec fait grandir, on a tout en nous pour réussir, l'argent est une énergie magnifique, impossible est impossible, la retraite c'est que du bonheur… »

Voyez-vous la différence ? Comprenez-vous leurs impacts sur votre façon d'agir et de vivre ? leurs influences ?

Journal
DE BORD

Je vous invite à compléter les phrases suivantes, de la manière la plus spontanée possible, avec ce qui vous vient à l'instant :

La vie
Le temps
L'avenir
L'argent
La santé
Réussir
Aimer
Vieillir
Manger
Ne rien faire
Rire de rien
Apprendre à 65 ans
L'inconnu
La retraite
Croire
Voyager
Changer
Le bonheur

Combien sont à connotation positive et combien à connotation négative ?

Positive : / 18 Négative : / 18

Au regard de ces résultats, pensez-vous être une personne plutôt positive ou négative ?

MODIFIER VOTRE VISION DU MONDE

Si vous êtes une personne plutôt négative, il n'est jamais trop tard pour changer ! Pour vous y aider, je vous suggère de choisir des métaphores de vie ou des croyances qui sont à l'opposé de vos pensées négatives, et de les écrire plusieurs fois. Le fait de les écrire (environ 100 fois…) va permettre à votre cerveau d'effacer progressivement l'ancienne croyance pour intégrer tout en douceur la nouvelle version plus positive.

Écrivez une phrase positive en gros et trouvez-lui une **place visible chez vous. Lisez-la quotidiennement** en lui prêtant l'attention qu'elle mérite :
« Je peux être ce que je veux être », « Impossible est impossible », « Je le peux, je le veux, je le fais »…

Chers amis, je vous invite dès à présent à ressortir votre carnet personnel pour faire évoluer vos croyances et impulser une dynamique positive. N'hésitez pas à revenir sur ce travail de réflexion autant de fois que nécessaire.

- **J'identifie mes croyances limitantes auxquelles je pense le plus souvent, et qui m'empêchent d'évoluer positivement.**
- **J'identifie mes croyances ressources, mes devises, qui sont mes moteurs d'actions positives.**
- **Je modifie mes croyances limitantes en croyances ressources, ce à quoi j'ai envie de croire, qui est juste pour moi maintenant.**

Être observateur de ses pensées aide à mieux s'en détacher et favorise le discernement. Une fois qu'on en devient conscient, on a le droit et le choix de décider si elles nous conviennent ou pas, si elles nous stimulent et nous accompagnent vers un mieux-être, ou si au contraire elles nous éloignent de ce qui est bon et juste pour nous. Nous avons le pouvoir de décider de nous identifier à elles ou non, mais aussi de les modifier quand c'est nécessaire.

Laissez-moi vous partager cette merveilleuse méthode qui vous permettra de transformer toutes vos croyances limitantes en croyances ressources :

- **1re étape** : je prends conscience de ma croyance limitante.
- **2e étape** : je me demande sur quoi cette croyance repose (mon éducation, mes expériences de vie, la société…).
- **3e étape** : quel est l'impact négatif de cette croyance dans ma vie ? En quoi est-elle un frein ?
- **4e étape** : j'établis un fait qui contredit cette croyance, des exemples qui prouvent que cette croyance n'est pas fondée, n'est pas toujours une réalité.
- **5e étape** : je reformule cette croyance négative en une croyance positive et j'identifie les premières actions que je peux mettre en place pour faire de cette nouvelle croyance ressource ma réalité.

À VOUS DE JOUER !

Il est donc important de reprendre le pouvoir sur nos saboteurs. Souvenez-vous, c'est cette petite voix qui nous empêche d'avancer, de donner le meilleur de nous ou de croire en une vie meilleure. N'oubliez jamais que « c'est vous le patron ! », que vous êtes l'acteur principal de votre vie, que vous avez la capacité et le pouvoir de choisir votre chemin. Donc, pour ne plus vous laisser envahir par votre saboteur, je vais partager avec vous une petite astuce rigolote et efficace pour le faire taire une bonne fois pour toutes et avancer vers ce qui paraît juste pour vous !

Astuces & Conseils

DONNER UN NOM À VOTRE SABOTEUR

Appelez-le « casseur d'ambiance », « brise-rêve », « rabat-joie », « diablotin », « petit tyran », « emmerdeur », « oiseau de mauvais augure »… N'hésitez pas également à vous le représenter mentalement, à l'imaginer, le dessiner dans votre imaginaire ou en réel, d'en faire votre propre représentation. Puis, lorsque vous pensez par exemple « Je ne vais pas y arriver », « Cette épreuve est trop difficile », « Je n'en suis pas capable », parlez-lui de la manière suivante :

« **Ah te revoilà, rabat-joie ! Lâche-moi les baskets… Je n'ai pas besoin que tu viennes me mettre des bâtons dans les roues… Moi aussi j'ai le droit à la réussite, à la santé et au bonheur…** »

Et chassez-le de votre esprit en expirant profondément. À vous de trouver vos propres mots, vos propres intentions. Vous pouvez également imaginer que vous le piétinez, que vous lui soufflez dessus, que vous l'enfermez dans une boîte…

Puis parlez-vous avec des paroles bienveillantes, positives, encourageantes en vous adressant à vous avec le « tu » !

8. Notre cerveau se transforme tout au long de notre vie

VRAI. Même pour notre cerveau, rien n'est figé ! Il a la capacité de se modifier tout au long de notre existence. L'évolution de la science nous démontre grâce à l'imagerie cérébrale l'impact de nos pensées sur notre cerveau. L'une des découvertes les plus importantes en neuroscience ces dernières années est la mise en évidence de la **plasticité cérébrale**, nommée également **neuroplasticité**, qui nous apprend que notre cerveau n'est pas un système figé comme nous avons pu le croire pendant longtemps, mais un système en perpétuel remaniement. Nos réseaux de neurones ont la capacité de se déstructurer et se restructurer au fur et à mesure de nos expériences vécues et de nos apprentissages. On dit que notre cerveau est « informable et déformable ». C'est une nouvelle extraordinaire qui doit donner espoir à chacun d'entre vous, car du moment où nous connaissons cet élément, nous savons que tout se transforme et devient possible ! Cela signifie concrètement que chaque fois que vous allez modifier votre mode de pensée, vous allez changer votre perception et créer de nouvelles connexions neuronales qui vous permettront de donner naissance à de nouvelles habitudes. Rien n'est figé ! Donc plus d'excuses pour ne pas changer !

9. L'outil qui favorise ce changement est :

La visualisation, ce merveilleux processus de création d'images mentales qui a le pouvoir d'agir simultanément sur nos 4 cerveaux.

1. Le détail de la visualisation active notre cerveau gauche.
2. Visualiser au présent active notre cerveau droit.
3. Ressentir nos émotions active le cerveau médian.
4. Le mouvement active notre cervelet.

Donc, si on veut atteindre un objectif, créer quelque chose, des projets, ou mettre en place des changements, **il est intéressant d'agir sur ces 4 parties de notre cerveau**. Dans ce cas, nous aurons **7** fois plus de chances d'atteindre notre objectif ! Pour être efficace, **l'action** (même si elle se passe dans le futur) **doit toujours être visualisée au présent**, comme si elle était déjà atteinte, réussie, acquise, en y associant les émotions appropriées. Corps-émotions-mental. C'est en visualisant nos propres images que nous réussirons à leur donner vie. Mais pour qu'elle soit efficace, il est nécessaire que l'image visualisée soit la plus claire et précise possible. N'hésitez pas à y apporter beaucoup de détails, à créer l'image parfaite pour vous. La visualisation nous permet également de focaliser notre pensée sur une seule chose. Lorsque nous la laissons s'éparpiller, rien n'aboutit concrètement, nous dépensons beaucoup d'énergie pour peu de résultats. D'où l'importance d'apprendre à porter notre attention sur une seule image, pendant un temps donné.

La visualisation permet d'agir sur la loi d'attraction. Mais qu'est-ce que cette loi ? C'est une loi universelle qui part du principe que l'énergie produite par nos pensées attire une énergie similaire. Cela signifie que, ce à quoi je pense le plus, je l'attire à moi. Combien de fois avez-vous attiré des expériences qui étaient le miroir de vos pensées ? Cette loi prend encore plus d'ampleur lorsque vos pensées sont associées à vos émotions (peur, colère, tristesse, joie...).

Astuces & Conseils

ENTRAÎNEMENT SUR VOTRE POUVOIR DE CONCENTRATION

Pour vous entraîner à utiliser votre pouvoir d'attention, je vous suggère de vous munir d'une image ou d'une photo. Examinez-la très attentivement pendant plusieurs minutes. Plus elle aura de détails, plus je vous conseille de prendre du temps pour l'observer.

Puis fermez les yeux et prenez le temps de la redessiner dans votre esprit en y apportant le plus de détails possible.

Vous pouvez vous entraîner en augmentant au fur et à mesure la difficulté, par le choix d'images plus complexes.

C'est la raison pour laquelle il est fondamental d'apprendre à donner la bonne intention à votre pensée et à visualiser ce que vous voulez pour vous. **Visualisez toujours ce que vous voulez et surtout pas ce que vous ne voulez pas**. Si vous diffusez de l'énergie positive autour de vous, vous attirerez des gens, des opportunités, des évènements positifs. Mais malheureusement, l'inverse fonctionne aussi ! La loi d'attraction a aussi une dimension philosophique et spirituelle. Si vous voulez en savoir plus sur ce sujet passionnant, il existe de nombreux livres qui traitent ce sujet. Un des plus connus est *Le Secret*[5] de Rhonda Byrne, qui existe également sous forme de film (disponible sur *YouTube*).

10. L'eau facilite la pensée et la mémoire

Jusqu'à présent, nous avons beaucoup parlé de la respiration, notre carburant vital numéro 1, mais nous n'avons pas encore évoqué notre deuxième source de vie. Et pourtant l'eau est le constituant principal de notre corps (70 %). Sans ce carburant, nos organes ne peuvent pas fonctionner. Nous avons vu, lors du deuxième pas, que privé d'oxygène, notre corps ne peut vivre plus de 3 ou 4 minutes. Mais combien de temps pouvons-nous vivre sans nous hydrater ? Eh bien environ 3 jours ! Boire de l'eau est aussi important que bien respirer et bien plus important que manger. En effet, lorsque nous sommes déshydratés, notre cerveau a tendance à confondre la faim et la soif.

Alors, est-ce que notre cerveau a besoin d'eau pour penser ? La réponse est OUI ! D'ailleurs, est-ce par hasard que cet élément naturel fait partie du mot « **cerv-eau** » ? Cet organe essentiel est composé à lui seul de 80 % d'eau. Les cellules de notre cerveau nécessitent d'être hydratées deux fois plus que le reste de notre organisme, car elles ont besoin de deux fois plus d'énergie pour remplir leur rôle. En cas de déshydratation du corps, le cerveau est le premier organe à être affecté, ce qui a pour conséquence une diminution de la concentration et de la mémorisation. Nos fonctions cognitives sont alors altérées, diminuant ainsi notre capacité à penser, à raisonner, à apprendre et à restituer l'information.

---

5 *Le Secret*, Rhonda Byrne, Un Monde Différent, 2008.

Notre discernement lui aussi en est modifié, favorisant nervosité et anxiété. Donc, pour bien penser, il est indispensable de bien vous hydrater.

Mais encore faut-il apporter à votre corps le carburant qui lui est bénéfique, c'est-à-dire une eau saine et dépolluée aux propriétés nécessaires à notre santé. Je me suis longtemps penchée sur ce sujet passionnant qu'est l'eau ; j'ai fait beaucoup de recherches et lu un grand nombre de publications. Je voulais partager avec vous les conclusions du docteur Hiromi Shinya (inventeur de la coloscopie), qui à travers son livre *L'Enzyme de rajeunissement*[6] évoque comment renverser les effets de l'âge, revitaliser nos cellules et restaurer notre énergie. Je vous invite à vous le procurer tellement il est riche d'informations précieuses pour notre santé. Après plusieurs années de recherche auprès de nombreux scientifiques, il conclut que « La bonne eau pour notre santé est une eau dépolluée et épurée de toute source de chlore et autres produits chimiques cancérigènes, mais surtout une eau à fort pouvoir antioxydant. L'eau du robinet est polluée et oxydée ». Les antioxydants permettent de lutter contre les radicaux libres à l'origine du vieillissement prématuré de nos cellules. Donc, selon le docteur Hiromi Shinya et les nombreuses études qui ont été réalisées sur ce sujet, l'eau la plus saine pour notre santé est celle issue de **l'électrolyse : l'eau ionisée**.

L'eau ionisée est antioxydante, dépolluée, alcaline et hyper hydratante. Elle est aussi riche en minéraux facilement assimilables, en hydrogène dissout, et en électrons libres. Cette eau au grand potentiel énergétique et aux vertus anti-inflammatoires fait partie de mon hygiène de vie depuis maintenant plusieurs années et contribue au quotidien au bien-être de toute ma famille.

Quant au docteur Horst Filtzer (inventeur du stent), il a également publié en 2018 les résultats de ses propres recherches et tests sur ce sujet. Il a voulu en effet valider les résultats qu'il avait pu observer depuis de nombreuses années par la mise en place d'une réelle étude clinique. Il s'agit d'une incomparable preuve scientifique sur les bienfaits de l'eau alcaline ionisée hydrogénée, étude bien entendu validée et homologuée par l'Institut national de la santé américaine.

---

6 *L'Enzyme de rajeunissement*, Docteur Hiromi Shinya, Éditions de la Maisnie, 2013.

« Eau, tu n'as ni goût, ni couleur, ni arôme,
on ne peut pas te définir,
on te goûte, sans te connaître.
Tu n'es pas nécessaire à la vie : tu es la vie. »

Antoine de Saint-Exupéry

11. La pensée est en lien avec l'estime de soi

OUI. Combien de fois avez-vous perdu confiance, avez-vous douté ? Pourtant, nous avons tous de nombreuses victoires dans notre vie. Dès notre naissance, nous sommes victorieux. Nous avons appris à marcher, à lire, à écrire, à compter, à communiquer avec les autres, à nous intégrer dans un groupe, à aimer, à partager, à apprendre un métier, à élever des enfants, à bricoler... mais surtout, nous pouvons être fiers des victoires où nous nous sommes surpassés, voire étonnés de nous-mêmes, celles où nous avons surmonté nos peurs, où nous avons dit « NON » aux saboteurs et au sabotage pour trouver la force en nous d'avancer. La pensée est donc bien en lien avec notre façon de nous percevoir, d'où l'intérêt majeur de travailler sur notre confiance et notre estime. Le fait de porter un regard sur nos réussites et sur nos qualités (nos points forts) nous permet d'augmenter notre pouvoir créateur, mais aussi notre optimisme, notre confiance en nous et en la vie.

J'IDENTIFIE TOUTES LES VICTOIRES DE MA VIE (RÉUSSITES)

Je vous invite à noter dans un carnet toutes **les victoires de votre vie, de votre histoire**, que vous considérez comme des **réussites** de savoir-faire et de savoir-être : *vos compétences, vos métiers ou emplois divers, votre mariage, vos enfants, l'amour dont vous avez fait preuve, vos réalisations, la relation avec vos amis, un concours culinaire ou de beauté, jouer au théâtre ou d'un instrument, une prise de parole, des défis sportifs, un changement de région, votre maison, aider les autres…* Mais aussi les **victoires sur vous-même** par rapport à des difficultés et épreuves traversées, des choix que vous avez dû faire pour améliorer votre santé ou votre existence : *vos challenges personnels, vos changements d'habitudes qui ont contribué à votre évolution, une reconversion, l'entrée dans la retraite, une maladie surmontée, une épreuve douloureuse…*

« Ce qui ne nous tue pas nous rend plus forts »

Nietzsche

Il est parfois difficile de voir nos réussites, probablement à cause de notre éducation, notre modestie ou du manque de confiance en nous. Et pourtant, nous en avons tous de très nombreuses. Il suffit d'en **prendre conscience et de les accepter**. Nous sommes tous capables de noter au moins une quinzaine de réussites, mais nous en avons bien davantage. Il n'y a pas de petites ou grandes réussites, ce sont tout simplement VOS « VICTOIRES » ! N'hésitez pas à partir à leur rencontre !

…

Quant à **vos qualités**, elles font partie de votre patrimoine. Elles font de vous la belle personne que vous êtes. En prendre conscience est loin d'être de la prétention, mais au contraire, c'est apprendre à mieux se connaître pour développer une meilleure confiance et estime de soi, pour mieux s'adapter et rebondir.

1. À ce jour, voici la liste de TOUTES MES VICTOIRES DONT JE PEUX ÊTRE FIER ! **Moi** (mon prénom), **j'ai réussi** :

1.
2.
3.
4.
5.

Je suis persuadée que vous avez de très nombreuses victoires à votre actif et que cinq lignes ne suffiront pas à toutes les retracer ! Je vous suggère donc de continuer cette liste sur votre carnet personnel, et surtout de prendre l'habitude de la compléter au fur et à mesure de vos réussites. La vie n'est pas faite uniquement de grandes victoires, mais chaque jour nous comble de petites ou grandes réussites. Tout est histoire de perception !

2. **Parmi cette liste, cochez** LES ATOUTS **que vous possédez :**

Accueillant		Agréable		À l'écoute	
Amusant		Appliqué		Attachant	
Attentionné		Audacieux		Autonome	
Aventureux		Calme		Bienveillant	
Chaleureux		Charismatique		Consciencieux	
Convaincant		Courageux		Créatif	
Curieux		Débrouillard		Disponible	

Déterminé		Dévoué		Doux	
Droit		Drôle		Dynamique	
Efficace		Empathique		Encourageant	
Enthousiaste		Entreprenant		Fidèle	
Franc		Gai		Généreux	
Gentil		Habile		Honnête	
Humain		Humble		Imaginatif	
Impliqué		Indépendant		Ingénieux	
Innovateur		Inspirant		Intelligent	
Intègre		Intuitif		Inventif	
Jovial		Juste		Leader	
Logique		Loyal		Malin	
Marrant		Méthodique		Minutieux	
Motivé		Naturel		Novateur	
Observateur		Optimiste		Organisé	
Paisible		Patient		Persévérant	
Pétillant		Philosophe		Poli	
Positif		Prévenant		Productif	
Protecteur		Rassurant		Réconfortant	
Respectueux		Responsable		Rigolo	
Rigoureux		Sensible		Serviable	
Sincère		Sociable		Souriant	
Sympathique		Tolérant		Vrai	

3 Selon vous, quelles sont vos 5 PLUS GRANDES FORCES, vos alliées sur lesquelles vous pouvez vous appuyer pour avancer ?

1.
2.
3.
4.
5.

...

4 Et quel serait votre principal talent (ou vos talents) ?

Un talent est quelque chose dans lequel nous sommes naturellement bons, de façon innée, et qui est souvent reconnu par les autres (*bon orateur, savoir faire rire, transmettre de l'énergie et de la joie, redonner le moral aux autres, bricoler, chanter, créer...*).

Pour donner de l'élan à votre vie, il est fondamental de prendre conscience des forces que vous possédez, celles sur lesquelles vous allez pouvoir vous appuyer pour amorcer un changement positif. Mais il est aussi essentiel de vous montrer reconnaissant envers vous-même. Nous cherchons toujours de la reconnaissance à l'extérieur, attendons qu'on nous félicite, qu'on distingue notre valeur, et c'est tout à fait légitime car cette reconnaissance fait partie de nos carburants indispensables pour avancer dans la vie. Mais plus vous serez capable de voir la belle personne que vous êtes, plus vous attirerez de la gratitude à vous. Alors, récompensez-vous, félicitez-vous, remerciez-vous pour tout ce que vous avez apporté aux autres, ce que vous avez construit, transmis, partagé, surmonté, créé. Et remerciez toutes les personnes qui ont contribué de près ou de loin à votre bonheur, à faire de vous ce que vous êtes aujourd'hui, c'est-à-dire une **personne UNIQUE et de grande VALEUR** ! N'hésitez pas à vous le dire en vous regardant dans votre miroir, car comme dit ce vieux dicton : « On n'est jamais aussi bien servi que par soi-même ! ».

BRAVO À VOUS POUR CE QUE VOUS ÊTES,

ET POUR VOTRE BEAU PARCOURS !

5 **J'ai envie de dire MERCI à**
pour **Et je ne m'oublie pas !**

MERCI
MERCI
MERCI

Je suis certaine que vous avez de nombreux MERCI à déposer sur votre carnet personnel et surtout à offrir en cadeau aux personnes concernées ! Et souvenez-vous, rien n'est jamais figé ! Prenez le temps et le plaisir de compléter votre liste de gratitude régulièrement, vous serez épaté du bien-être et de l'énergie que cela vous procure !

Astuces & Conseils

RENFORCER SA CONFIANCE

Dans les moments où vous manquez de confiance en vous, prenez le temps de relire à haute voix, avec enthousiasme et joie, la liste de vos réussites en commençant par : « Moi (votre prénom), je suis fier d'avoir réussi (énumérez votre liste en repensant à ces victoires)… d'avoir développé tous ces atouts (énumérez la liste de vos qualités)… et mes plus grandes forces sont… », « J'ai tout en moi pour avancer dans la vie avec confiance et sérénité ; je suis légitime, unique et de grande valeur. Je crois en mes multiples capacités que je vais utiliser pour… »

Donc, si nous résumons :

1. Nous avons la faculté de **prendre le pouvoir sur nos pensées** et d'accroître notre **optimisme**. Elles ont un **impact positif ou négatif** sur notre santé et notre vie.

2. Le cerveau n'entend pas la négation.

3. Il a la capacité de se **transformer tout au long de notre vie**.

4. Il est à la fois **émetteur et récepteur**. On attire ce sur quoi nous portons le plus notre attention : c'est la loi de l'attraction. D'où l'importance de modifier nos croyances et de nous libérer de nos saboteurs.

5. L'un des outils très puissants pour colorer positivement nos pensées est **la visualisation**.

6. **L'eau est indispensable** au bon fonctionnement de notre corps et notre cerveau en consomme deux fois plus que le reste de notre organisme.

7. Nos pensées influent sur notre **confiance en nous**.

8. Nous avons tous de très **nombreuses victoires** dans notre vie et un **capital ressource inestimable**.

Astuces & Conseils

PROTOCOLE POUR APPRÉHENDER UNE SITUATION (UN STRESSEUR, UNE ÉPREUVE, UN ÉVÈNEMENT), AVEC CONFIANCE ET SÉRÉNITÉ

Exemple : l'entrée dans la retraite

1. Renommez et **identifiez CLAIREMENT** un de vos stresseurs, objectifs, une de vos épreuves ou problématiques.
2. Listez de quoi vous avez **PEUR** : peur de m'ennuyer, d'être inutile, de tourner en rond, d'être triste, de manquer d'argent, d'être isolé, de vieillir, de tomber malade, de la solitude...
3. Est-ce que toutes **vos craintes sont fondées (réelles)** ? Parmi elles, lesquelles sont juste le fruit de votre **imagination, non réelles à ce jour** ? (Est-ce vrai ?)
4. **Reprenez la liste de vos craintes en les écrivant sous forme d'un projet**, d'une **solution** : m'occuper pendant ma retraite, réaliser de belles choses, me rendre utile, transmettre ou aider, m'entourer de personnes positives et rigolotes, prendre soin de moi, m'amuser, bien gérer mon argent ou faire une action afin d'avoir assez d'argent pour subvenir à mes besoins et à mes envies...
5. **COMMENT** je peux agir ? Quelles sont **les petites actions** que je pourrais poser maintenant et qui permettraient de me rassurer, de rendre cette problématique ou cette situation plus acceptable ?
6. Relisez les **victoires de votre vie**, et regardez comment vos **qualités, forces et talents** vont pouvoir vous soutenir.
7. **Relaxez-vous et visualisez-vous** en train de vivre votre retraite en bonne santé. Visualisez une retraite heureuse, épanouie, sereine, qui donne du sens.

SÉANCE AUDIO

ME PRÉPARER POSITIVEMENT À UNE SITUATION STRESSANTE

Séance n° 4

À l'image d'un sportif de haut niveau, je vous propose de vous préparer physiquement (détente) et mentalement à une situation, une épreuve. Pour que cette séance ait un intérêt, je vous demanderai, avant de lancer votre audio, de définir ce que vous souhaitez atteindre, réussir, accomplir. Il peut s'agir d'un entretien, d'un rendez-vous, de votre entrée dans la retraite, d'une reconversion, d'un challenge, d'un défi personnel, d'un déménagement, de l'amélioration de votre état de santé, d'un projet, d'une action spécifique…

Au programme de cette séance : détente corporelle, dynamisation de vos ressources, visualisation positive de votre objectif atteint.

Lorsque nous n'avons pas l'habitude de pratiquer, il n'est pas toujours aisé de visualiser clairement une situation qui ne fait pas encore partie du réel. Je vous invite cependant à lâcher prise sur votre mental et à expérimenter. Mais si toutefois rien ne se présente à vous, il n'y a aucun souci ! Rien n'est jamais acquis du premier coup, et c'est à force de répétition que se fera l'intégration. Il faut parfois du temps pour que notre cerveau assimile cette nouvelle faculté.

Journal de bord

Suite à cette séance, je vous invite à écrire ci-dessous ou dans votre carnet de notes personnel tout ce que vous avez visualisé, ce que vous pouvez mettre en place pour vous préparer sereinement et positivement :

Actions & Défis

IDÉES D'ACTIONS À EXPÉRIMENTER SUR LES 3 PROCHAINS JOURS

1. Donnez naissance à votre **« carnet de vie positive »** et commencez dès à présent à noter 5 choses positives de votre journée, ou vos réussites du jour. Chaque petit pas est une réussite et un pas supplémentaire vers votre accomplissement et votre bonheur. Si vous n'avez pas de carnet, vous pouvez les écrire sur les pages « notes personnelles » de votre livre. À chaque problème sa solution !

2. Expérimentez **l'astuce** qui a attiré le plus votre attention, pour reprendre le pouvoir sur vos pensées et développer une attitude positive.

3. Dites tout simplement « **merci** » du fond du cœur, de vive voix, à une personne qui mérite votre gratitude.

4. Prenez le temps **d'affiner votre travail** de réflexion sur vos métaphores de vie, vos croyances, vos victoires, vos qualités et vos forces. Et pourquoi pas, commencez à vous **préparer positivement** à un objectif ou une situation, en relisant le protocole vu précédemment, pour **transformer l'un de vos stresseurs en une belle énergie positive** !

5. Et n'abandonnez pas vos pauses détente, vos « temps pour vous ». Je vous laisse le soin de refaire chaque jour un **tout petit exercice de relaxation**, choisi parmi ceux déjà proposés depuis le début de cet ouvrage, ou de réécouter un de vos audios selon vos envies et besoins du moment.

5E PAS

HUMOUR + RIRE =
L'ANTIDOTE CONTRE LA MOROSITÉ

DES BIENFAITS INSOUPÇONNÉS

∞

« UNE JOURNÉE SANS RIRE EST UNE JOURNÉE PERDUE. »

CHARLIE CHAPLIN

À ce stade de votre lecture, vous avez déjà acquis divers outils puissants pour vivre sereinement et positivement votre quotidien. Pourtant, nous n'avons pas encore abordé deux armes anti-stress redoutables : le rire et l'humour !

Beaucoup trop de monde pense ne pas avoir de talents pour faire rire. Mais rassurez-vous, il n'y a pas besoin d'avoir suivi une école de comédie pendant plusieurs années pour développer le sens de l'humour. Bien sûr, certaines personnes possèdent en elles naturellement ce don, et il est toujours important d'en compter parmi ses amis !

Le rire est une véritable pépite d'or, un trésor inestimable. Il est la source de l'épanouissement personnel. Selon diverses études, celui qui n'a pas cette faculté est quelqu'un d'angoissé et de replié sur lui-même par rapport à celui qui a développé cette qualité première.

Souvent, les gens disent ne pas assez s'amuser car ils sont entourés de personnes négatives et ennuyeuses. Qu'à cela ne tienne ! Entourez-vous de personnes plus drôles, qui répandent de la joie autour d'elles. Mais pour les attirer, il convient de développer votre propre sens de l'humour !

Plus vous en amènerez dans votre vie, plus vous attirerez des personnes amusantes et rigolotes, et plus votre existence sera lumineuse et joyeuse ! Comme nous l'avons vu au pas précédent, il est important de s'aligner sur une bonne fréquence vibratoire.

QUIZ

1. **Rions-nous plus en 2024 qu'auparavant ?**

   - ○ + ○

2. **Pour obtenir tous les bienfaits du rire, nous devrions rire en continu pendant au moins :**

   5 minutes ○ 10 minutes ○ 15 minutes ○

3. **Dix minutes consécutives de rire = combien de minutes de jogging ?**

   10 minutes ○ 30 minutes ○ 60 minutes ○

4. **Notre corps fait-il la différence entre un rire naturel et un rire simulé (induit) ?** OUI ○ NON ○

5. **Quelles sont les hormones principales produites par le rire ?**

   Adrénaline ○ Dopamine ○ Cortisol ○ Endorphine ○

6. **Existe-t-il des méthodes pour stimuler le rire ?**

   OUI ○ NON ○

7. **Il y a-t-il des contre-indications à rire ?** OUI ○ NON ○

8. **Que signifie « MDR » ?**

   Ma daronne rit ○ Mémé Dédé rit ○ Mort de rire ○

9. **Rire de soi est considéré comme de :**

   L'autodérision ○ L'ironie ○ La dévalorisation ○

10. **Et le sourire alors, a-t-il lui aussi des vertus ?**

   OUI ○ NON ○ Aucune idée ○

Réponses & BIEN PLUS

1. Rions-nous plus en 2024 qu'auparavant ?

Malheureusement, la bonne réponse est « **moins qu'avant** ». En effet, selon certaines études, nous rions moins de 2 minutes par jour, soit 20 fois moins qu'en 1940 et 3 fois moins que dans les années 1980. Et savez-vous que les jeunes de moins de 25 ans rient environ 7 fois par jour contre 4 fois par jour pour les seniors ? Donc, à en croire ces études, plus on vieillit et moins on rit ! Il est grand temps de ré-inverser la tendance !

2. Pour obtenir tous les bienfaits du rire :

Nous devrions rire en continu **10 minutes** ! Plutôt sympa comme idée, mais pas si évident que ça. En effet seul ou même entre amis, il n'est pas toujours facile de rire pendant 10 minutes consécutives… On pourrait vite venir à bout d'inspiration ! Mais pas de panique, il existe des solutions faites pour vous !

3. Dix minutes consécutives de rire équivalent :

À 30 minutes de jogging, selon les études du docteur William Fry. Surprenant, non ? Personnellement, je préfère rire plutôt que courir ! Mais les deux ne sont pas incompatibles ! Eh oui, le rire est physique et sollicite de nombreux muscles. C'est la raison pour laquelle il est un allié de taille dans la détente et le relâchement musculaire, mais qu'il est aussi très bénéfique pour notre cœur, nos vaisseaux et notre système immunitaire. Il permet également la libération des poumons et redonne de la souplesse au diaphragme, ce qui améliore notre respiration et facilite notre mémoire en agissant sur les fonctions cognitives. Ah oui, et j'oubliais le plus important ! Le rire fait rajeunir... et sans conservateur ni parabène ! Rire permet donc de rester plus jeune et heureux ! Alors, pourquoi s'en priver ?

4. La différence entre le rire naturel et le simulé

Tout aussi surprenant que cela peut l'être, la science nous apprend que **notre corps ne ferait aucune différence** entre un rire simulé (induit, forcé) et un rire naturel (spontané). On obtiendrait les mêmes avantages physiologiques et psychologiques.

5. Les hormones principales produites par le rire

Le rire, qu'il soit naturel ou induit, informe notre cerveau de libérer les hormones du bonheur telles que la **dopamine**, un neurotransmetteur primordial dans les sensations de plaisir : joie, bonne humeur, regard plus positif sur les choses et les évènements... C'est également l'hormone de la motivation et de la récompense. Mais le rire ne s'arrête pas là, il permet aussi d'augmenter notre taux d'**endorphines** et de libérer de la **sérotonine**, diminuant alors nos sensations de douleur. Comme nous l'avons vu dans les chapitres précédents, l'adrénaline et le cortisol sont les deux hormones du stress. D'ailleurs, rire agit de manière positive sur ces hormones en détruisant pas à pas tout ce que le stress produit. C'est la raison pour laquelle il est considéré comme un anti-dépresseur et un anti-stresseur fabuleux.

6. Existe-t-il des méthodes pour stimuler le rire ?

OUI, il existe différentes méthodes, dont le **yoga du rire**. C'est en Inde que le médecin généraliste Madan Kataria décide en 1995 de créer une technique simple et accessible au plus grand nombre, qui repose sur le principe de « rire ensemble et sans raison » au cours d'une séance collective. L'effet de groupe favorise beaucoup plus facilement le rire, qui se transforme alors en une très belle énergie contagieuse ! Le docteur Kataria explique que « Lorsque nous rions ensemble, nous sommes un. Il n'y a de place que pour du positif »[7]. C'est une excellente méthode de lâcher-prise, mais aussi l'occasion de faire la connaissance de nouvelles personnes qui ont tout autant envie d'éveiller leur joie de vivre et de conserver leur âme d'enfant... Cette pratique est devenue à ce jour un phénomène planétaire dans plus de soixante pays. La journée mondiale du rire se déroule chaque année le premier dimanche du mois de mai. Une journée pleine d'énergie et de partage, à vivre entre amis ou en famille, toutes générations confondues ! Car on est tous d'accord pour dire que le rire est contagieux et communicatif. Avez-vous déjà remarqué que lorsqu'une personne de votre entourage est stressée ou anxieuse, elle vous transmet en un rien de temps son angoisse ? C'est une sorte de « copier/coller » des émotions d'autrui.

---

7 *Rire sans raison*, Madan Kataria, Madhuri International, 2002.

N'est-il pas plus sympathique de se faire contaminer par la joie que par la peur ou la tristesse ? C'est la raison pour laquelle je prends aujourd'hui toujours autant de plaisir à animer des séances. Je vous garantis que c'est juste un moment grandiose et magique. Cette joie collective vaut toutes les thérapies du monde. À chaque prestation, des personnes viennent me remercier en me disant : « Merci, Sylvie, pour ce pur moment de bonheur. Les épreuves de ma vie ont fait que ces dernières années j'ai perdu le goût de rire. Merci profondément de l'avoir réveillé », ou « Depuis le décès de mon époux (ou de mon épouse, de mon enfant), ma maladie..., je ne m'étais plus autorisée à rire. Je m'étais interdit ce bonheur, et grâce à vous j'ai découvert que je pouvais à nouveau rire ». Le simple fait de penser à ces personnes éveille en moi beaucoup d'émotions.

Le rire et l'humour sont des armes redoutables contre la monotonie ainsi que de puissants outils pour triompher des épreuves difficiles de la vie. Cela permet de prendre du recul, de la hauteur, de les surmonter avec plus de positif et de légèreté. N'hésitez pas à pousser la porte d'un club de rire... Ce sera le premier pas vers un moment très libérateur, qui illuminera votre journée !

Astuces & Conseils

LE YOGA DU RIRE

Il est généralement possible de faire une séance découverte de yoga du rire avant de vous inscrire. Renseignez-vous auprès de l'office du tourisme ou de la mairie de votre ville pour connaître les professionnels de votre région et les lieux de ces séances. Elles peuvent être pratiquées auprès d'associations, de clubs ou de professionnels indépendants (animateurs). Pour plus de renseignements sur cette pratique, je vous invite à vous connecter sur le site : www.formation-yogadurire.fr

7. Est-il dangereux de trop rire ?

Il n'y a pas de contre-indication à rire pour une personne en bonne santé, bien au contraire. Cependant, si vous souffrez d'asthme, de maladie cardiaque grave, de hernies importantes, ou si vous venez de subir une intervention chirurgicale récente, il n'est pas recommandé d'en abuser. Si vous êtes dans ce cas ou si vous avez le moindre doute, et que vous souhaitez pratiquer des séances régulières de yoga du rire ou autre méthode, il est préférable d'avoir l'avis de votre médecin et d'en informer l'animateur.

8. Que signifie « MDR » ?

Si vous avez des enfants, des ados et/ou des petits-enfants autour de vous, vous devez en effet savoir que « MDR » signifie « **Mort de rire** » ! Les enfants rient en moyenne 300 à 400 fois par jour contre 20 fois pour un adulte. Mais alors, où est donc passée notre âme d'enfant ? Nous savons tous que le rire est essentiel chez l'enfant qui, de manière naturelle, l'utilise pour se libérer des tensions, pour se détendre, pour se mettre en confiance, mais également pour se faire des copains. Pourquoi ne pas l'employer vous aussi pour développer votre cercle relationnel et vous faire de nouveaux amis ?

De plus, si vous êtes grand-parent, pourquoi ne pas profiter de la garde de vos petits-enfants pour partager des moments de rire avec eux ? Leur spontanéité et leur joie vous aideront à éveiller l'enfant qui est en vous. Ce sont des moments magiques qui s'imprimeront dans leur mémoire et dans leur cœur, des souvenirs inoubliables qu'ils transmettront à leur tour à leurs enfants et petits-enfants. N'est-ce pas ça aussi le rôle des grands-parents ?

9. Rire de soi...

Rire de soi n'est pas donné à tout le monde, et pourtant maîtriser l'art de l'**autodérision** est un outil fort précieux de relativisation. Il est important de ne pas se prendre trop au sérieux. Mais pour accepter de rire de soi, il faut tout d'abord s'accepter tel que l'on est, c'est-à-dire imparfait !

Journal DE BORD

Nous avons tous une idée différente de ce qui est drôle ou pas et nous ne rigolons pas tous de la même chose. À vous de trouver votre univers. Laissez naître en vous, avec le temps, votre propre style d'humour, celui qui vous ressemble, qui vous anime, qui vient spontanément, celui qui vous procure du plaisir et qui vous permet de partager avec les autres, d'amener la bonne humeur autour de vous. Je suis certaine que derrière chacun d'entre vous, se trouve un Devos, un Coluche, un de Funès, une Bernier, une Robin, une Laroque… ou tout simplement une personne qui ignore encore qu'elle détient cette qualité en elle, et qui avec un peu d'entraînement va pouvoir elle aussi développer et utiliser ce merveilleux potentiel pour améliorer sa vie et celle des autres…. Il suffit d'oser vous lancer !

Alors, prenez le temps de stopper ici votre lecture un instant pour renseigner dans votre carnet personnel **les choses ou les situations qui vous font rire** : les bavures, les blagues, les quiproquos… N'oubliez pas de les rajouter au fur et à mesure qu'elles se présenteront à vous, et d'y revenir chaque fois que vous en éprouverez le besoin, notamment dans les moments plus difficiles, pour puiser l'énergie de ces instants magiques.

Notez aussi vos **5 films, livres, pièces de théâtre ou spectacles préférés**, qui suscitent le plus de rires en vous, **5 célébrités** (acteurs, comédiens, personnes politiques…) et les **personnes de votre entourage** (amis, famille, connaissance) qui éveillent à coup sûr le rire en vous !

10. Et le sourire alors ?

OUI, bien évidemment ! De nombreuses études scientifiques prouvent ses bienfaits et ses similitudes avec le rire. Lui aussi libère des neurotransmetteurs qui permettent d'être plus positif et optimiste. C'est une aide précieuse dans la régulation du stress et, fait non négligeable, il sollicite à chaque fois plus de quinze muscles de notre visage.

Et vous, combien de fois avez-vous souri aujourd'hui ? N'oubliez pas que le sourire rend attirant et séduisant, qu'il facilite la relation et l'échange. Une personne qui sourit naturellement avec le cœur est charismatique et magnétique, et tel un aimant puissant, elle attire plus de belles choses à elle ! Alors, pourquoi s'en priver ?

« Le rire, comme les essuie-glaces, permet d'avancer même s'il n'arrête pas la pluie. »

Gérard Jugnot

Astuces & Conseils

N'hésitez pas à **lire et relire ces livres, à voir et revoir ces films**, à passer encore et encore **du temps avec les personnes qui vous font du bien** et qui amènent de la joie dans votre vie. Et surtout, donnez-leur à votre tour votre sourire, de la gaité, de la bonne humeur, de la légèreté, des rires… pour que chaque minute passée à leurs côtés ne soit que pur bonheur !

Alors, à vos répertoires, vos téléphones et vos agendas ! **Il n'y a pas de temps à perdre pour planifier de nombreux moments « bonheur »** avec vos amis actuels, mais aussi avec vos anciens copains-copines fanfarons que vous n'avez pas eu l'occasion de revoir ces derniers temps. Les retrouvailles seront grandioses, tellement de souvenirs et d'anecdotes à revivre, de quoi être MDR pour un bon moment !

SÉANCE AUDIO

MON DOUDOU D'HUMOUR

Séance n° 5

Comme vous avez l'habitude maintenant, je vous propose de stopper là votre lecture quelques instants, si le cœur vous en dit, pour vous installer confortablement dans votre coin fétiche et écouter votre séance n° 5. Bon voyage, et surtout ne vous privez pas de rire aux éclats si vous en avez envie !

Astuces & Conseils

ASTUCE « DOUDOU »

Faites de votre « doudou » votre petit conseiller en humour, et faites de votre conseiller un objet fétiche. Procurez-vous si possible un objet qui lui ressemble, ou mieux, créez-le (dessin, peinture, couture…). Puis trouvez-lui une place sur vous, proche de vous ou dans un endroit de votre maison où vous aurez l'occasion de le voir très souvent.

Journal DE BORD

Afin de donner plus de vie à ces mémorables moments, je vous invite à prendre encore quelques minutes pour écrire dans votre carnet de notes l'histoire de votre plus grand fou rire. Offrez-lui toute la saveur qu'il mérite en laissant émerger l'humoriste qui est en vous !

Qu'il était bon de serrer dans nos bras notre peluche préférée, si douce et réconfortante ! Elle était de toutes les aventures. Le temps n'avait pas d'emprise sur elle, malgré sa couleur délavée, son aspect déformé, ses petits soucis de santé (parfois la perte d'une partie de son anatomie !) ; elle restait notre confidente et notre amie de tous les jours et de toutes les situations.

Lors de la séance, avez-vous visualisé votre doudou d'humour ? Afin de lui faire une place toute particulière dans votre vie, prenez le temps de le représenter sur cette page, de le dessiner, de lui donner vie. Ne vous mettez pas de barrière ; laissez l'artiste qui est en vous s'exprimer, sans aucune retenue !

Votre « doudou d'humour » fait partie de vous. Il symbolise tout simplement une facette de vous-même, peut-être mise en sommeil ces derniers temps, et qui ne demande qu'à être réveillée. Souvent, nos obligations et responsabilités font de nous des êtres plus sérieux, voire parfois trop rigides. Notre « doudou d'humour » est là pour nous rappeler à quel point nous aimons, quel que soit notre âge, nous amuser et rire, et comme il est bien plus agréable de prendre du recul sur les évènements avec humour que de se laisser envahir par la colère, la peur, les devoirs…

Actions & Défis

5 PETITES ACTIONS (DÉFIS) À EXPÉRIMENTER

1. Dites « Bonjour » en **souriant** avec le cœur, à des personnes que vous connaissez peu… et observez comme c'est agréable d'avoir leur sourire en retour ! Si des personnes ne répondent pas à votre sourire, ce n'est pas grave, passez votre chemin et recommencez avec une autre personne. La persévérance finit toujours par payer.

2. **Téléphonez** à un(e) amie avec qui vous aimez rire, pour vous planifier dans les jours à venir un super moment en sa compagnie ! Ne repoussez pas ce moment si précieux !

3. Revoyez votre **film fétiche** ou allez regarder une comédie au cinéma. Ou encore, renseignez-vous sur les pièces de théâtre ou les **spectacles humoristiques** qui passent dans votre secteur, et pourquoi pas téléphonez à votre ami(e) du **défi 2**… pour vous accompagner !

4. Si vous êtes parent ou grand-parent, prenez prochainement un temps avec vos enfants ou petits-enfants pour leur proposer une **activité ludique** qui amènera joie et bonne humeur (un jeu de société rigolo, un concours de blagues ou d'anecdotes, une sortie amusante…). Si vous êtes à court d'idées, demandez-leur !

5. Autorisez-vous à **rire seul devant votre miroir** : le ridicule ne tue pas, et votre miroir ne vous jugera pas ! En plus, on est tellement plus beau quand on rit ! Soyez créatif et laissez émerger le clown qui est en vous. Tout est permis !

Ces cinq petites actions simples, une fois réalisées, pourront alimenter avec joie, le soir venu, votre « carnet de vie positive ».

6^{E} PAS

METTRE DE LA COULEUR DANS VOTRE VIE

POUR TRANSFORMER VOTRE QUOTIDIEN
EN UN MERVEILLEUX JARDIN D'OPPORTUNITÉS !

∞

« RÉVEILLE-TOI AVEC LE SOURIRE ET VIS TA VIE.
VIS-LA, AIME-LA, GOÛTE-LA, RESPIRE-LA, TOUCHE-LA. »

JOE KNAPP

Mettre de la couleur dans sa vie, c'est tout simplement **s'éveiller à la vie**. C'est faire de notre existence un merveilleux voyage, riche en rencontres et en découvertes, en expériences et en sensations nouvelles. C'est oser mettre de la couleur où il ne semble plus y en avoir ; c'est ne plus laisser la place aux doutes mais oser croire en soi pour s'ouvrir à de très belles **opportunités**. C'est éveiller sa **joie de vivre** afin de pouvoir prendre de l'altitude, relativiser, lâcher prise. La joie fait partie de nos émotions qu'il nous est agréable de ressentir, et elle est essentielle à notre équilibre et à notre santé. C'est l'émotion de la vie. Il est fondamental de la développer, car elle est le socle du bonheur, du changement et de l'évolution. Elle prend naissance chaque fois que nous ressentons en nous du plaisir, mais surtout chaque fois que nous avons le **sentiment d'exister**. C'est cette petite excitation intérieure qui nous fait vibrer et que l'on ressent quand nous sommes heureux et à notre place. Sans ce sentiment, notre vie reste plate et fade, sans véritable intérêt. Si nous prenons le temps d'observer le mot « exister », nous voyons à nouveau le préfixe « ex » qui signifie « vers l'extérieur ». Il s'agit d'aller à la rencontre de l'autre, de rentrer en lien, d'échanger, de partager, de créer, de donner, de recevoir, de transmettre…

Mettre de la couleur dans sa vie, c'est donc se remplir de moments magiques (mais pas forcément extraordinaires), ce qui nous maintient dans une bonne vibration énergétique, éveille notre joie et donne sens à nos journées. C'est laisser la porte ouverte aux plaisirs, aux partages, aux projets, aux rires, à la bonne humeur, à l'envie. Nous allons donc voir au cours de ce sixième pas comment vous aussi allez pouvoir choisir les plus belles couleurs pour donner vie et lumière à votre quotidien, et booster votre existence.

QUIZ

1. **La rancœur est un frein à la joie de vivre :**

   VRAI ○ FAUX ○

2. **Une des clés fondamentales pour éveiller sa joie de vivre est :**

   Créer du lien social ○ Transmettre ○

3. **Combien existe-t-il de catégories de plaisir ?**

   3 ○ 4 ○ 5 ○ 6 ○

4. **La routine est l'ennemi du bien-vieillir :**

   VRAI ○ FAUX ○

5. **Les voyages :**

   Forment la jeunesse ○ Maintiennent la jeunesse ○

6. **Apprendre après 70 ans est impossible :**

   VRAI ○ FAUX ○

7. **Comment appelle-t-on notre GPS intérieur ?**

   La raison ○ Le mental ○ L'intuition ○

8. **Avoir des projets à tout âge :**

   Donne sens à sa vie ○ Nous maintient en vie ○

9. **Il y a-t-il une différence entre projet, objectif et but ?**

   OUI ○ NON ○

10. **On a tous quelque chose à transmettre :**

    OUI ○ NON ○

1. La rancœur est un frein à la joie de vivre

En effet, **la rancœur empêche de mettre de la couleur dans nos vies**. C'est un ressentiment d'amertume tenace que l'on garde à la suite d'une déception et qui nous maintient dans un état de tristesse et surtout de colère. Cette dernière est très néfaste pour notre santé et encore plus lorsqu'elle est retournée contre soi-même. Saviez-vous que cinq minutes de colère mettent cinq heures à s'éliminer de notre corps ? Cette émotion, comme le stress, sécrète en nous une trop grande quantité de cortisol qui à haute dose va engendrer la production d'acidité. Donc oui, la rancœur rend triste et nous empêche d'être heureux.

Savoir pardonner et demander pardon est une des nombreuses clés du bien-vieillir et du bonheur. Dans son livre *Le Don du pardon*[8], Olivier Clerc partage le discours de Don Miguel Ruiz (auteur des *Quatre Accords toltèques*[9]) : « De toute évidence, je ne suis pas libre tant que je fais dépendre mon état intérieur de ce que quelqu'un d'autre pense, ressent, dit et fait… ou non. La véritable liberté intérieure ne consiste pas à réussir à contrôler les actes ou les propos des autres, ce qui est impossible, mais à être capable de choisir délibérément et consciemment comment je réagis à ce qui m'arrive. Comment est-ce que je réagis à une vexation, une insulte, un conflit… ? » Donc, comme nous l'avons déjà vu, ce n'est pas l'évènement en soi qui est important mais le regard qu'on y porte et la façon dont nous y répondons. Prendre du recul sur vos rancœurs et apprendre à pardonner vous remplira d'amour, de légèreté et de joie. Ce lâcher prise salvateur et libérateur du passé vous ouvrira au futur et à l'amour. C'est un alignement sur de bonnes vibrations propices à attirer à nouveau de belles choses à vous et dans votre vie.

---

8 *Le Don du pardon – Un cadeau toltèque de don Miguel Ruiz*, Olivier Clerc, Guy Trédaniel éditeur, 2020.

9 *Les Quatre Accords toltèques*, Don Miguel Ruiz, Éditions Jouvence, 2016.

Astuces & Conseils

LA TECHNIQUE DES PETITS BONSHOMMES ALLUMETTES DE JACQUES MARTEL

Je vous conseille cette méthode basée sur une approche très ludique et accessible à tous. Elle est extrêmement simple à pratiquer, sous forme de dessins de bonhommes allumettes.

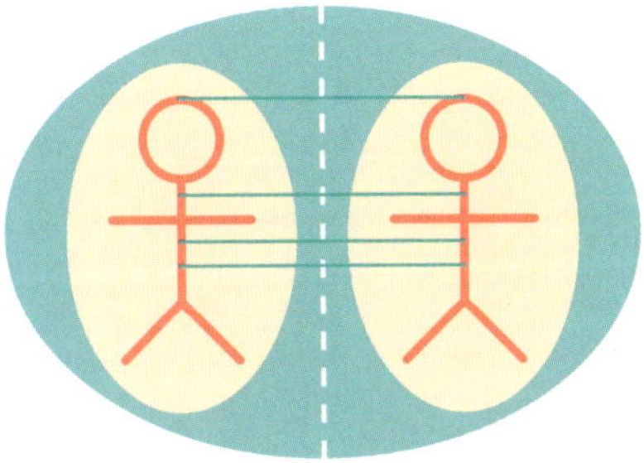

Cette technique vous aidera à vous libérer de vos émotions désagréables en coupant les liens d'attachements toxiques qui vous empêchent d'avancer sur votre chemin, en agissant à la fois sur votre conscient et sur votre subconscient. Cette approche puissante vous aidera aussi à mieux gérer les conflits ainsi que chaque situation de votre vie (stress, problème, maladie…).

Vous trouverez plusieurs **vidéos explicatives** en tapant tout simplement **« Bonhommes allumettes »** sur Internet. Vous pouvez également vous procurer le livre de Lucie Bernier et Robert Lenghan[10].

Pour commencer votre chemin de libération, il suffira de vous munir de feuilles de papier libre, de votre stylo et d'une paire de ciseaux. Vous verrez, c'est très simple et amusant, un véritable jeu d'enfant qui vous permettra d'aller de l'avant !

10 *La Technique des petits bonhommes allumettes*, Lucie Bernier et Robert Lenghan, Éditions ATMA Internationales, 2016.

Pour vous libérer de vos rancœurs, je vous propose une astuce très sympathique qui vous permettra de lâcher-prise dans de très nombreux domaines de votre vie. Ruminer sur tout ce qui nous arrive d'insatisfaisant fait aussi partie des éléments nocifs du bien-vieillir. François Lemay, dans son merveilleux livre *Tout est toujours parfait*[11], nous explique que, quoi qu'il arrive, « tout est toujours OK », même dans les moments de grandes souffrances. Le fait d'accepter ce qui se présente à nous est le premier pas vers un changement positif.

L'antidote le plus puissant à la rancœur est l'amour. **Autorisez-vous à aimer et à être aimé**. L'amour est universel, et n'a pas de frontière. C'est le don de soi, l'acceptation de la différence, notre capacité à pardonner, à partager. Il ne se limite pas à être amoureux. L'amour avec un grand A s'étend bien au-delà, et peut s'exprimer de multiples manières : un sourire, une écoute, une parole bienveillante, un geste, un acte, un don… Il nous permet de rentrer en lien avec le monde extérieur, de nous relier, de donner et de recevoir. C'est une énergie positive très bénéfique pour notre santé physique et morale. Vous ne pouvez pas vous imaginer tout l'amour que j'ai déjà reçu dans ma vie, il est gigantesque et j'en suis très reconnaissante. Il vient de mes grands-parents et de mes parents, ma famille, ma fille, mon mari, mes amis… et d'un très grand nombre de personnes que j'ai eu la chance de rencontrer sur mon chemin, aussi bien au niveau personnel que professionnel. Mais j'ai reçu cet amour en juste récompense de celui que j'ai transmis. Si on donne, on reçoit ! Si nous sommes bienveillants, aimants, si nous ouvrons notre cœur aux autres, alors nous sommes authentiques et vrais, et nous attirons l'amour des autres tel un aimant. Nous sommes dans la même vibration énergétique. Quand j'anime une conférence, un stage ou une formation, je ne sais pas faire autrement que parler avec mon cœur à toutes ces personnes qui m'étaient pourtant inconnues quelques minutes auparavant. Je m'adresse à elles avec une intention d'amour, en les considérant toutes comme des personnes importantes qui méritent de recevoir le meilleur. Et je vous garantis que la relation qui s'établit est juste grandiose. Un échange incroyable et une énergie positive se diffusent à travers tout le groupe, une énergie collective extraordinaire.

---

11 *Tout est toujours parfait – L'art d'accueillir ce qui est*, François Lemay, Éditions Le Dauphin Blanc, 2017.

Alors, plus vous apprendrez à parler avec votre cœur plutôt que votre tête, plus vous attirerez à vous de belles personnes et de belles opportunités. Chaque fois que l'on donne, nous créons en nous de la place pour recevoir. Tout est histoire d'intention et de vibration. Vous ne pouvez pas vous imaginer à quel point certains petits mots sont magiques quand ils sont dits avec sincérité, comme « Je vous aime / Je t'aime », « Vous êtes important », « Tu es unique », « Vous comptez énormément pour moi »...

Comme le chante si bien Patrick Fiori à travers cette très belle chanson, « Les gens qu'on aime » :

« Ce matin-ci, j'irai dire aux gens que j'aime. Oh juste merci d'être ceux qu'ils sont.

Qu'ils changent mes heures amères en poèmes. Et tous ces mots que nous taisons. Ce matin, j'irai dire aux gens que j'aime.

Ô comme ils comptent pour moi chaque instant. Des mots doux c'est mieux qu'un beau requiem. Et les dire c'est important. Et dire avant tant qu'il est temps... »

Nos vies tiennent à un fil et le temps est éphémère, alors ne le gaspillez pas en rancœur et en ruminations inutiles, n'attendez plus pour dire « Je t'aime » aux personnes qui comptent pour vous et surtout pour le leur manifester par des actes d'amour et de reconnaissance. Le deuil peut nous éloigner temporairement de cette envie d'aimer et de donner. Lâcher prise sur le deuil est un chemin à parcourir. Il faut du temps pour digérer, accepter, se reconstruire. Mais ne refusez pas les aides bienveillantes de votre entourage ou de l'extérieur, les mains qui se tendent vers vous. Elles vous seront d'une aide précieuse pour mieux vivre les émotions qu'engendre la perte d'un être cher, telles que la tristesse, la colère et la peur. Osez demander de l'aide et surtout osez l'accepter. Leur amour vous permettra de vous libérer du deuil pour aller à nouveau sur le chemin de la vie.

Et n'oubliez jamais que tout ce sur quoi vous portez de l'amour grandira ! Alors, partagez-le au plus grand nombre de personnes qui vous entourent, et même au-delà de l'humain. Aimez votre animal de compagnie, votre poisson rouge, votre maison, vos plantes, votre métier, votre retraite, aimez-vous et aimez la vie ! D'où l'importance d'apprendre à porter un regard positif sur soi et les autres, et de dessiner la vie qui vous ressemble, qui donne sens.

2. Pour éveiller sa joie de vivre :

Il est fondamental d'entretenir des **liens sociaux satisfaisants**, car c'est un facteur clé du bien-vieillir. Restez en relation, communiquez, partagez, transmettez. Selon le baromètre de TNS Sofres, « Le bon moral des séniors repose principalement sur le fait de vivre à proximité de leur famille et de leurs amis ». En toute logique, si vous faites partie de la tranche 50/60 ans, votre cercle relationnel est plus riche et vaste que si vous avez 70 ans et plus, et que vous vivez seul et isolé. En effet, chaque tranche d'âge voit son cercle relationnel se modifier. Tant que nous sommes actifs professionnellement, nous avons un réseau social maintenu et souvent assez dense. Mais faut-il encore qu'il vous satisfasse ! Sinon, si ce lien est néfaste pour vous et qu'il ne vous apporte aucune joie, il est primordial, voire vital de vous créer un cercle d'amis à l'extérieur de votre travail. Les relations humaines font partie, elles aussi, de nos nourritures, de nos besoins fondamentaux. L'entrée dans la retraite ébranle cet équilibre relationnel qui s'accompagne souvent d'un sentiment d'inutilité et de solitude. C'est la raison pour laquelle il est important d'anticiper cette transition en ayant des activités extérieures, mais également de nouveaux projets entre amis ou à deux. Apprendre à renouer contact avec son conjoint, vivre à nouveau à deux est parfois un véritable défi. D'où l'intérêt de prendre du temps pour échanger sur vos envies communes, vos projets, vos choix, vos besoins. Pour les personnes qui vivent seules, nous ne pouvons ignorer la solitude qui est souvent pesante et difficile à vivre, mais elle n'est pas non plus une fatalité. À l'heure d'aujourd'hui, il existe de très nombreuses solutions et possibilités pour vivre mieux la solitude, surtout si vous habitez en ville ou dans un village dynamique où de nombreuses aides sociales et activités sont proposées. Aller vers le monde extérieur facilitera la rencontre.

Et pourquoi ne pas vivre à plusieurs ? Pour vivre mieux, vivons groupés ! Il existe de plus en plus de personnes qui font construire des maisons communes. Cela présente beaucoup d'intérêts : le coût, l'entraide, le lien social… Avez-vous entendu parler de ce fabuleux projet d'un groupe de retraités lyonnais qui a décidé de bâtir un immeuble écologique et participatif ? C'est un habitat collectif adapté au grand âge, où chacun a son propre appartement, mais aussi une salle commune pour les rencontres et les moments de partage, un atelier de bricolage, une buanderie, un local à vélo, des jardins… Cette initiative est à mes yeux formidable.

Un grand bravo à tous ces sexagénaires à l'origine de ce merveilleux projet. Alors à vous de faire travailler votre pensée créatrice et de trouver vos solutions les plus adaptées pour dire NON à la solitude et OUI aux échanges et à la joie !

3. Les catégories de plaisirs

Il existe 4 catégories, aussi importantes les unes que les autres, et qui sont à l'origine de belles sensations et émotions de joie :

1. **les physioplaisirs**, liés à nos **sens** (goût, odorat, vue, ouïe, sensualité, toucher) ;
2. **les socioplaisirs**, en lien avec le **monde social**, les rencontres, les contacts, les échanges ;
3. **les psychoplaisirs**, qui touchent à nos **accomplissements** personnels, notre réalisation de soi, ce qui donne **sens à notre vie** ;
4. **les idéoplaisirs**, en lien avec notre monde **imaginaire**.

Comme nous l'avons vu au cours du pas précédent, le plaisir est l'antidote à la mélancolie, mais il est aussi souvent la solution à nos problèmes. La joie permet de relativiser, de repositionner la situation. Contrairement à la peur qui peut nous empêcher d'avancer, la joie est le moteur du changement et de la métamorphose. Elle est la source première de notre volonté. J'ai vu beaucoup trop de sportifs qui, à force de se mettre la pression des résultats coûte que coûte, transformaient petit à petit leur passion en souffrance. Je me souviendrai toujours de cette jeune championne professionnelle de ski de fond, qui lorsqu'elle est venue pour la première fois au cabinet m'a dit : « Je ne sais pas réellement ce qu'est la sophrologie, mais vous êtes mon dernier espoir. Soit vous pouvez m'aider, soit je fais tout pour me casser une jambe pour m'arrêter ! ». Chaque fois que je repense à elle, je suis envahie de frissons et d'émotions. La souffrance psychologique était telle qu'elle en avait effacé tout plaisir.

Que vous soyez actif ou retraité, il est fondamental que vous ne négligiez pas vos plaisirs au profit d'autres choses. Ils vous permettent de maintenir votre équilibre et font partie des **carburants** indispensables qui doivent eux aussi trouver leur place dans votre agenda et dans votre vie.

Astuces & Conseils

MON AGENDA COLORÉ

Pour équilibrer votre vie à travers cette astuce, munissez-vous d'un **agenda** type semainier (tous les jours d'une même semaine sur deux pages centrales) et de **quatre marqueurs de couleurs différentes** :

- Un **vert** pour vos moments « **plaisir** » : loisirs, sorties, amis…
- Un **jaune** pour vos temps de **travail** (si applicable).
- Un **rose** pour vos obligations **contraignantes** : réunions, courses, rendez-vous médicaux, autres rendez-vous…
- Un **bleu** pour vos moments « **ressource** » : massage, pause, relaxation, méditation, yoga, marche, nature, sport…

L'idée est d'harmoniser au mieux votre vie, sans oublier vos moments « plaisir » et « ressource ». Plus il y aura de vert, et plus vous mettrez de la couleur dans votre vie ! Mais n'oubliez pas non plus de laisser de la place pour les imprévus, la spontanéité et les opportunités de dernière minute qui se présenteront à vous !

ASTUCE ANTI-ROUTINE

Mettez en place tout ce que nous avons déjà vu au cours des cinq pas précédents. Si vous amorcez quelques petits changements comme enseigné jusque-là, vous aurez déjà bien commencé à casser votre routine. **De plus, bouleversez aussi vos habitudes quotidiennes !** Mangez dans une autre pièce que votre salle à manger, entamez votre repas par le dessert, sortez une fois par semaine au lieu de regarder la télévision, lisez un livre qui n'est pas de votre univers, allez marcher sur un chemin que vous n'avez pas l'habitude de prendre, redonnez une seconde vie à certains de vos meubles, inversez votre salle à manger avec votre salon, improvisez un week-end, organisez une fête… Bref, faites travailler votre imagination, je suis certaine que vous allez trouver de belles idées ! Sinon, inspirez-vous des autres !

4. La routine, l'ennemi du bien-vieillir

Paulo Coelho disait : « Si vous pensez que l'aventure est dangereuse, je vous propose d'essayer la routine… elle est mortelle » ! La routine est souvent associée à l'ennui, et l'ennui nous éloigne de la joie de vivre, donc de la vie. Si elle a un côté sécurisant en nous maintenant dans notre cadre de confort, elle mène cependant à la **lassitude psychique**, en nous enfermant dans une « prison » qui nous empêche d'évoluer. Notre esprit n'est plus nourri et perd de sa créativité et de son ouverture. Il est fondamental de savoir dire « NON » de temps en temps à la routine, au train-train quotidien, aux habitudes bien rodées. Bien vieillir est aussi savoir se réinventer régulièrement, ne pas rester sur ses acquis, s'ouvrir à la nouveauté, partir à la découverte, se lancer des défis, créer de nouveaux projets… Le danger de la routine est de passer à côté de nombreuses et merveilleuses opportunités qui pourront ajouter du soleil à votre vie !

5. Les voyages

Si ce vieux dicton a tout son sens, « les voyages forment la jeunesse », il est tout aussi juste de dire que « **les voyages maintiennent la jeunesse** » ! Ils font partie des meilleures « anti-routines » connues ! Voyager, c'est sortir de notre cadre de confort, appréhender d'autres modes de fonctionnement, se découvrir soi-même, développer notre capacité d'adaptation, s'inspirer pour mieux évoluer, expérimenter pour mieux comprendre. C'est un véritable élixir de bonheur et un ingrédient majeur de la joie de vivre. Chaque fois que je pars en vacances, je suis toujours heureuse de voir le nombre important de grands-parents accompagnés de leurs enfants et petits-enfants. Toute la tribu se retrouve, toutes générations confondues, le temps d'un instant. C'est un de ces magnifiques tableaux qui restera gravé à tout jamais dans les cœurs et les mémoires de chacun. Je vous encourage vivement à donner vie à ces moments. Que ce soit sur des destinations lointaines ou plus proches de chez vous, il y a un milliard d'endroits à découvrir ou à redécouvrir. Si vous n'avez pas la chance de pouvoir voyager en famille, qu'à cela ne tienne, il existe plusieurs autres solutions pour partir à la conquête du monde !

N'hésitez pas à opter pour des voyages organisés qui présentent de multiples atouts : le lâcher-prise, la facilité, la sécurité, et surtout l'occasion de faire de nouvelles rencontres et de passer de très bons moments en groupe. Il existe beaucoup d'organismes qui proposent des voyages en car, en autotour, en croisière ou à pied, à des tarifs tout à fait abordables. D'autant que passé 50 ans et plus, la contrainte de partir pendant les vacances scolaires est derrière vous et vous pouvez bénéficier de voyages à des prix défiant toute concurrence, hors périodes scolaires. Et vous n'êtes pas obligé de partir à l'autre bout du monde pour changer d'air. Le but est de rompre avec le quotidien quelques heures à quelques jours, de prendre du recul, se ressourcer, lâcher prise, découvrir et profiter. Si vous êtes plutôt du genre aventurier, alors c'est parti, endossez votre sac à dos, et laissez-vous porter par le vent qui vous mènera vers votre prochaine destination !

6. Apprendre après 70 ans est impossible :

FAUX ! Il n'y a pas d'âge pour apprendre. Beaucoup de personnes éprouvent le sentiment d'être trop vieux pour apprendre de nouvelles choses. Mais est-il réellement justifié ? Est-ce une croyance fondée ou bien une de nos nombreuses croyances limitantes ? Souvenez-vous, la plasticité cérébrale permet de remodeler notre cerveau en permanence au fur et à mesure de nos expériences et de nos apprentissages. D'ailleurs, combien de personnes de plus de 60 ans se remettent aux études, apprennent à utiliser Internet ? Là, à nouveau, impossible est impossible, et ce sont juste nos pensées qui vont influencer l'ouverture ou la fermeture de nos possibilités. Il est vrai qu'un jeune enfant développe une plus grande capacité à l'apprentissage qu'une personne âgée. Cependant, la plasticité de notre cerveau s'entretient. Cette capacité diminue si nous cessons de nous ouvrir à la nouveauté et à l'apprentissage. Notre cerveau a besoin de nourriture tout au long de notre vie et pas seulement lorsque nous sommes étudiants… C'est un besoin vital pour lui et pour notre santé globale. Alors, rassurez-vous et ne soyez pas frustré, vous pouvez dès à présent apprendre une nouvelle langue, un nouveau métier, un sport, un instrument, dessiner, bricoler, faire du théâtre, chanter… Il n'est jamais trop tard pour développer et dévoiler vos talents cachés ! Personnellement, j'ai commencé à monter sur les planches à 50 ans passés, et je vous garantis que je ne suis pas près d'arrêter !

Comme tout le monde, j'avais au départ une croyance limitante, celle de ne pas être capable de mémoriser tout le texte et de le restituer sur scène : la peur du « trou ». Mais heureusement que je n'ai pas écouté mon petit saboteur, car je serais passée à côté de merveilleux moments de joie et de partage. J'ai même pris conscience que ma mémoire fonctionne très bien, et en plus j'ai développé ma faculté d'improvisation ! Alors, ne vous freinez surtout pas et allez au bout de vos envies. Que risquez-vous ? Rien, si ce n'est de vous épater et de vous faire plaisir !

Astuces & Conseils

FAVORISER VOTRE MÉMOIRE

En moyenne, nous ne retenons que 10 % de ce que nous lisons, 20 % de ce que nous entendons et 30 % de ce que nous voyons, mais nous pouvons retenir jusqu'à 90 % de ce que nous entendons, voyons, disons et pratiquons. Personnellement, voici mes conseils :

- Apprenez et récitez dans le mouvement et **à haute voix**. Vous pouvez **marcher, bouger**, sautiller…
- Utilisez des exercices de **Brain gym** (gymnastique du cerveau) pour faciliter votre apprentissage et votre mémoire. Vous trouverez plus d'informations sur le site : www.braingym.fr
- Apprenez en musique. Les **musiques douces** sans paroles favorisent grandement l'apprentissage.
- Utilisez votre mémoire visuelle et kinesthésique en créant **vos propres cartes mentales ou schémas heuristiques**. C'est une pure merveille pour retenir toutes les informations que vous souhaitez, mais aussi pour avoir une vision d'ensemble sur vos notes. Il existe de nombreux livres qui vous apprendront ces techniques.

7. Comment appelle-t-on notre GPS intérieur ?

Un de nos plus grands pouvoirs est celui de choisir. Développer notre **intuition** nous aide à faire les bons choix et à passer à l'action. C'est notre boussole intérieure, notre GPS en quelque sorte. Mais pour pouvoir l'entendre, il est nécessaire à nouveau de calmer notre mental et de nous libérer de nos peurs et de nos saboteurs. Plus vous apprendrez à amener le calme en vous et à vous libérer de l'agitation mentale, plus vous parviendrez à développer votre intuition. Elle deviendra alors votre meilleur guide. Suivre son intuition, c'est ne pas se laisser envahir par le regard et le jugement des autres, c'est tout simplement se faire confiance. Il n'y a pas une seule vérité, mais des vérités, et surtout votre PROPRE VÉRITÉ ! Savoir écouter son cœur plutôt que ses peurs est une immense force et une des multiples clés du bien-vieillir.

Alors, laissez-moi vous raconter cette jolie petite histoire :

Un enfant demande à son père : « Dis papa, ***c'est quoi le bonheur ?*** *» Le père, surpris, réfléchit et dit : « Viens avec moi au village, tu vas comprendre ».*

Le père sort son âne sur lequel il installe alors son fils, puis tous deux traversent le village. Au milieu du village, des vieux, assis, les regardent passer et disent : « Quelle misère ! Le fils pourrait marcher et laisser son vieux père sur l'âne ! »

« Tu as entendu mon fils ? ». Le lendemain, même chose, sauf que le père s'installe sur l'âne… Les vieux disent alors : « Quelle misère ! Le père pourrait marcher et laisser son fils sur l'âne ! »

« Tu as entendu mon fils ? ». Le surlendemain, le père et le fils marchent tous deux à côté de l'âne… Les vieux disent alors : « Quels idiots ! Ils pourraient au moins mettre l'un d'entre eux sur l'âne ! »

« Tu as entendu mon fils ? ». Le jour suivant, le père et le fils montent sur l'âne… Les vieux disent alors : « Quels idiots ! L'un d'entre eux pourrait au moins marcher à côté de l'âne ! »

« As-tu compris mon fils ? Quoi que tu fasses, quelqu'un te critiquera… Alors, fais ce que ton cœur te dicte. C'est ça le secret du bonheur ! »

8. Avoir des projets à tout âge

Cela donne sens à notre vie et permet également de nous maintenir en vie. Il n'y a pas d'âge pour faire des projets, ils seront différents, c'est tout. L'envie est un des meilleurs antidépresseurs. C'est le moteur de l'action, le départ de tout projet. Imaginer, ressentir, rêver, croire, créer sont des énergies extraordinaires. Nos projets dessinent un chemin sur lequel nous pouvons marcher et avancer. Si nous ne trouvons pas ce chemin, nous nous égarons, nous sommes souvent perdus au beau milieu de nulle part.

Plus votre vie fait sens, plus vous trouverez en vous l'énergie pour continuer, et ce quel que soit votre âge. Chaque être humain a besoin de savoir dans quelle direction aller, ce qui le pousse à avancer. C'est pourquoi il est important, quel que soit votre âge, de prendre le temps de rêver et de donner naissance à des projets qui vous ressemblent, qui vont booster votre vie, vont donner sens, vont vous apporter énergie et joie.

9. Y a-t-il une différence entre projet, objectif et but ?

Selon ma vision, **un projet est un souhait**, une envie, quelque chose que l'on aimerait faire mais qui n'est pas encore bien défini ni positionné dans le temps. **L'objectif**, lui, naît d'un projet. Il invite à **poser des actions concrètes**, réelles, validables ; il permet de scinder son projet en plusieurs étapes intermédiaires. Et **le but représente le « pourquoi », la raison** qui me pousse à réaliser ce projet.

Prenons comme exemple la réalisation de ce livre. Mon projet de départ était l'envie d'écrire un livre sur le thème du bien-vieillir. Si je n'avais pas posé le premier mot sur une page et continué assidûment jour après jour, cette idée serait restée au stade de projet (un jour, je ferai…) et il n'aurait certainement jamais vu le jour. Mais le fait de me dire « Je vais écrire un livre et le publier à telle date », puis d'avoir commencé une première action d'écriture ont rendu ce **projet** viable, qui est donc devenu **un objectif**. Il est passé de l'imaginaire à l'action, à sa réalisation.

Et pour pouvoir aller au bout du résultat final, il a fallu gravir cette haute montagne en **plusieurs paliers** (en sous-objectifs, en pas, en étapes) : me libérer de mes doutes et de mes peurs, me faire confiance, chercher le thème, poser les grandes idées (sous forme de cartes mentales), faire un plan, le structurer… puis créer les séances audio, les enregistrer… Et dans quels buts alors ? Dans **les buts** de me faire plaisir et de vous faire plaisir, de vous apporter des outils et des pistes de réflexion qui pourront, je l'espère de tout cœur, améliorer votre existence, vous faire du bien. J'ai aussi écrit ce livre dans le but d'insuffler mon énergie, de vous donner le sourire, l'envie et l'espoir. Le but est donc ce qui donne sens, notre « pourquoi ». Je partagerai avec vous, lors du dernier pas, mon secret, étape par étape, pour transformer vos envies profondes en projet, puis en réalisation.

10. On a tous quelque chose à transmettre :

OUI, bien entendu ! Vous ne pouvez pas vous imaginer à quel point vous êtes d'une richesse intérieure considérable ! Vous possédez en vous un patrimoine culturel et expérientiel extraordinaire. Plus nous rentrons dans l'âge, plus nous avons accumulé de savoirs et de connaissances, mais aussi d'expériences de vie heureuses et malheureuses, qui font de nous ce que nous sommes aujourd'hui avec nos forces et notre sagesse. Dans de nombreuses civilisations, la personne âgée est vénérée pour cette richesse qu'elle porte en elle. La transmettre, c'est accepter de ne pas la garder égoïstement pour soi mais de la partager, c'est passer le flambeau, c'est aider son prochain à mieux comprendre et évoluer.

Nous avons tous un rôle de transmission que nous remplissons naturellement auprès de nos enfants et petits-enfants. La cinquantaine est propice à cette transmission, et encore plus lors de l'entrée dans la retraite. C'est le moment pour vous de partager vos savoirs, vos passions, vos expertises, soit sous forme de métier, soit bénévolement. De nos jours, nous avons tous les outils à portée de main pour diffuser des informations. Vous pouvez opter pour la création d'un blog, d'une chaîne YouTube avec des vidéos, d'un livre… ou l'animation d'ateliers dans des associations, auprès de jeunes, de seniors, de professionnels ! Là, à nouveau, tout est possible, à voir ce qui donne sens pour vous.

Donc, si nous résumons, mettre de la couleur dans notre vie, c'est :

1 se **libérer des rancœurs** du passé, **pardonner** et se faire pardonner, pour avancer avec plus de légèreté ;

2 donner de **l'amour autour de soi** et **accepter d'en recevoir** ;

3 dire « NON » à la **routine**, s'éveiller à la nouveauté, bouger, voyager, créer. **Oser** plus de spontanéité et de fantaisie ;

4 **apprendre** de nouvelles choses qu'on n'a pas encore eu le temps de réaliser, de découvrir, de vivre, d'expérimenter ;

5 se dire que **rien n'est figé**, qu'on a toute une vie pour nous accomplir. Suivre ce que notre **cœur nous dicte**, mais aussi cette petite voix en nous qu'on appelle **l'intuition** ;

6 revenir sur toutes **nos sources de plaisir**, leur laisser une place importante dans notre vie ;

7 **réveiller nos envies**, nos **rêves endormis** ;

8 **oser de nouveaux projets qui donnent sens à notre vie**, qui nous rendent enthousiaste et joyeux, qui nous procurent de l'énergie. Être **audacieux** et **croire en soi et en la vie** ;

9 être pleinement soi-même, **authentique**, vrai ;

10 savoir aussi parfois **prendre des risques** !

Journal DE BORD

Comme l'a écrit Victor Hugo, « Les souvenirs sont nos forces. Quand la nuit essaie de revenir, il faut allumer les grandes dates, comme on allume des flambeaux ». Nos souvenirs sont importants, et contribuent eux aussi à mettre de la couleur dans nos vies. Ils font partie de notre patrimoine, de notre histoire. Revivre nos souvenirs heureux apporte de la joie et nous permet de prendre conscience des belles choses que nous avons réalisées et vécues.

1 MES PLUS BEAUX SOUVENIRS

Je vous propose de laisser venir à votre esprit plusieurs **souvenirs heureux** et de noter dans votre carnet ces instants magiques qui restent gravés dans votre cœur et dans votre mémoire. Ce peut être une image, une senteur, une couleur, une émotion, des rires…

2 **J'établis** LA LISTE DE MES PLAISIRS, tous ces petits ou grands plaisirs qui **égaient mon quotidien, qui mettent de la couleur dans ma vie** : *boire un café avec un ami, aller faire du shopping, passer du temps avec mes enfants et petits-enfants, aller au spa, me faire masser, avoir rendez-vous chez le coiffeur, regarder un match de foot entre amis, sortir, aller danser, faire une belle balade en plein cœur de la nature, découvrir, bouger, faire du sport, voyager…* Notez dans votre carnet toutes ces choses que vous aimez faire et qui vous rendent heureux.

3 **J'établis** LA LISTE DE MES ENVIES

« À 70 ans, vous n'êtes qu'un enfant. À 80, vous êtes à peine un adolescent, et à 90, si les anciens vous invitent à les rejoindre, demandez-leur d'attendre jusqu'à 100 ans, âge où vous reconsidérerez la question ! »

Je trouve cette inscription ancienne très belle. Elle a été gravée sur un rocher près de la plage d'Okinawa, et est tirée du livre *Okinawa*[12] du docteur Jean-Paul Curtay. Encore une fois, vieillir n'est pas une fin en soi, mais un chemin d'évolution où beaucoup de choses sont encore possibles. Si nous souhaitons des changements positifs dans notre vie, il est plus judicieux de se concentrer sur ce que l'on désire, ce que l'on veut, plutôt que sur ce que l'on ne veut pas.

C'est la raison pour laquelle je vous offre l'opportunité aujourd'hui, dans un premier temps, d'écrire la liste de vos **envies**, toutes ces petites ou grandes choses qui **vous mettront en joie, qui vous donneront le sourire et l'énergie pour avancer**.

Listez de simples petits plaisirs de la vie jusqu'aux rêves les plus fous ! Indiquez dans votre carnet toutes ces choses que vous n'avez pas encore eu l'occasion de découvrir ou de faire, mais aussi celles que vous voudriez revivre. Laissez venir à votre esprit et surtout à votre cœur toutes les choses qui vous feraient plaisir, dont vous auriez envie. Et pourquoi ne pas réveiller de vieux rêves endormis qui ne demandent qu'à être reconsidérés ? Que ces envies soient réalisables ou non dans l'immédiat, donnez-leur au moins la chance de vivre à travers votre imagination. Ne vous limitez surtout pas !

Pour vous y aider, demandez-vous :

« Au moment où j'en suis de ma vie, quels sont mes besoins, qu'est-ce qui me ferait plaisir et qui me rendrait heureux, quels sont mes désirs ? Qu'est-ce que j'aimerais vivre, faire, posséder ou partager ? »

---

12 *Okinawa – Un programme global pour mieux vivre*, Jean-Paul Curtay, Livre de Poche, 2008.

Moi (votre prénom), pour éveiller la joie en moi, j'ai besoin et envie de :

4 MA VIE IDÉALE

« Une nouvelle vie s'offre à nous à chaque seconde. Puissions-nous marcher joyeusement à sa rencontre. Et nous marcherons assurément d'un meilleur pas en fixant l'horizon plutôt qu'en regardant sans cesse en arrière. »

K. Jerome

Qu'il est bon de rêver, et ce à n'importe quel âge ! Il n'y a aucun mal à rêver, bien au contraire. C'est la source de toute joie, de toute inspiration, de tout changement et de toute évolution. Sans rêve, rien ne se construit. N'oubliez pas que votre pensée est créatrice, et que tout débute dans votre imaginaire. Que vous ayez 50, 60 ans ou plus, ne cessez jamais de rêver, de vous projeter dans des situations qui vous rendent heureux, car comme on dit : « Tant qu'il y a de la vie, il y a de l'espoir ! ». Dans tous les cas, il est préférable de s'imaginer vivre riche, heureux et en bonne santé que pauvre, tristounet et malade ! Et l'âge n'est en aucun cas un obstacle à la rêverie.

Quel que soit votre âge, je vous propose un petit exercice. Je vous invite à vous projeter dans votre futur, si l'idée vous séduit et vous amuse. Imaginez-vous dans deux, trois ou cinq ans maximum, et en prenant votre plus belle plume, prenez le temps d'écrire votre vie idéale comme si elle faisait partie de votre présent : « Je suis… J'habite… Je fais… » Décrivez la vie que vous souhaitez avoir et vivre dans les mois ou années à venir, une vie où tout est permis et possible ! Surtout, c'est une vie qui vous ressemble, qui fait sens pour vous. Et si, cher lecteur, vous n'êtes pas en très bonne santé, le fait de vous visualiser et de croire à une vie meilleure vous aidera à mieux vivre votre maladie et dans certains cas à vous projeter sur le chemin de la guérison.

Exemple de vie idéale : « Je suis en bonne santé et d'une grande vitalité. Je vis dans une petite maison toute simple mais chaleureuse en bord de mer. Chaque matin, je commence ma journée par une marche sur la plage les pieds dans l'eau. J'aime aller au marché chercher des produits frais, cuisiner des plats aux mille saveurs, pour mes amis et ma famille. J'aime donner de mon temps pour partager ma passion sous forme d'ateliers à l'association de mon village. Je voyage souvent, c'est l'occasion pour moi de découvrir et de faire de belles rencontres… »

Maintenant, je vous invite à vous munir de votre carnet pour **écrire et mettre en forme le roman de VOTRE vie idéale** ! Prenez le temps d'y revenir au grés de vos envies et de vos rêves, de le faire évoluer au cours du temps en fonction de vos besoins du moment.

ÉCRIVEZ TOUJOURS VOS PHRASES DE MANIÈRE POSITIVE,

CAR SOUVENEZ-VOUS,

NOTRE CERVEAU N'ENTEND PAS LA NÉGATION !

SÉANCE AUDIO

À LA RENCONTRE DE MA VIE IDÉALE

Séance n° 6

Pour vous aider à écrire le roman de votre vie idéale et permettre à votre cerveau de mieux la visualiser, je vous invite, si vous le souhaitez, à vous installer confortablement et à vous préparer pour embarquer vers une destination inconnue mais néanmoins merveilleuse : un **voyage vers votre futur idéal**. Voilà l'occasion de tourner le film de votre vie rêvée, d'en être le scénariste, le producteur et le réalisateur, comme si tout était possible, comme s'il n'y avait aucune limite à vos désirs. Dans cette séance de relaxation et de visualisation, vous pourrez vivre mentalement votre futur tel que vous le souhaitez pour vous, et cerise sur le gâteau, l'acteur principal qui a décroché le rôle, la star du festival… c'est VOUS !

Que vous ayez 50, 60 ans ou plus, et quelles que soient les épreuves que vous vivez, ne cessez jamais de rêver et de croire. Visualisez ce que vous estimez juste pour vous, une vie plus acceptable, agréable et confortable.

Si vous n'avez pas l'envie ou le cœur à vivre ce voyage aujourd'hui, pas de soucis. Vous savez que vous pourrez écouter cette séance audio à votre guise, quand le moment sera venu pour vous.

Actions & Défis

IDÉES D'ACTIONS À EXPÉRIMENTER SUR LES JOURS À VENIR !

1. Revenez sur la liste de **vos plaisirs et de vos envies** et décidez pour vous d'en organiser, faire ou planifier au moins un sur votre semaine à venir. Accordez-leur plus d'importance, et commencez à **donner vie à certains d'entre eux.**

2. Partez sinon à la découverte de la technique des **bonhommes allumettes** (sur YouTube) et amusez-vous, si vous en avez le temps, à dessiner ces petits bonhommes libérateurs selon la méthode de Jacques Martel.

3. Ou bien expérimentez une **astuce de votre choix**.

4. **Rêvez sans modération !** Faites-vous plaisir à imaginer encore et encore le **scénario d'une vie heureuse**, d'un avenir sans nuages, d'un futur qui prendra tout son sens. Et pourquoi ne pas commencer à réfléchir à **un projet** qui vous rapprochera de votre vie idéale, qui vous motivera et qui éveillera votre joie de vivre ?

5. Continuez à expérimenter ou à mettre en place **quelques petites astuces ou exercices des pas précédents**, qui ont attiré votre attention et qui répondent à vos besoins du moment ! Et prenez soin de vous !

Autorisez vous à suspendre le temps pour confier à votre journal personnel vos ressentis du moment, votre météo intérieure. Posez ce qui doit être posé, notez ce qui a changé et ce que vous souhaitez encore faire évoluer.

7ᴱ PAS

OSER LE CHANGEMENT : 3, 2, 1... ACTION !

UN NOUVEL ÉLAN

∞

« LA VIE EST UNE AVENTURE, OSE-LA ! »

MÈRE TERESA

Cher lecteur, que le temps passe vite en votre compagnie ! Nous voilà déjà au seuil du 7e pas et j'aurais envie de partager encore tellement de choses avec vous !

Nous sommes arrivés à l'étape la plus difficile et en même temps la plus motivante, celle du passage à l'acte. J'espère que rêver votre vie idéale a éveillé en vous la joie de vivre et l'envie de créer de nouveaux projets, d'aller de l'avant, de vous faire plaisir et de vous accomplir. Il est maintenant venu le temps de « donner vie à vos envies », de passer de l'imagination à la concrétisation, du statut de « rêveur » au statut « d'acteur », de l'irréel au réel.

Quel que soit l'âge, il y a toujours des choses à changer, à faire évoluer, à mettre en place pour améliorer notre quotidien et notre existence. De la simple transformation d'une habitude néfaste pour notre santé ou notre épanouissement à un grand projet, chaque changement quel qu'il soit passe par l'action. Mais qui dit « changement » dit aussi « sortir de notre zone de confort » et de nos « habitudes ». C'est la raison pour laquelle j'ai eu envie d'aborder ce dernier chapitre sous une forme différente des pas précédents, de revenir à une présentation plus standard, plus classique. J'espère cependant que l'idée des quiz vous a amusé et séduit, que vous avez pris du plaisir à y répondre, et surtout que vous avez trouvé les éléments de réponse que vous attendiez.

Nous verrons sur ce dernier pas comment :

1. se mettre dans la bonne énergie pour passer à l'action ;
2. modifier nos habitudes et amorcer le changement ;
3. donner naissance à nos projets.

PARTIE 1

SE METTRE DANS LA BONNE ÉNERGIE

Pour pouvoir amorcer un changement positif, il est important de se libérer, comme nous l'avons vu au tout premier pas, de certaines sources de stress, casquettes, ou contraintes inutiles et anxiogènes. Mais il est tout aussi nécessaire de se « désencombrer » du superflu, de s'alléger de nos biens matériels qui envahissent nos placards, nos buanderies, nos garages, nos greniers, nos espaces…

Avoir l'esprit conservateur est tout à fait honorable, mais à condition qu'il ne soit pas développé à l'excès ! Je sais à quel point il est difficile de se séparer de nos affaires, chaque objet étant relié à un souvenir, une personne aimée, une époque, une émotion. Ils représentent nos trésors, les vestiges et les témoins de notre histoire. Mais combien d'objets inutiles avez-vous entassés depuis des années ? Ont-ils tous une raison d'être ? Ont-ils tous autant de valeur à vos yeux ?

La science du Feng Shui nous apprend que plus une maison est surchargée et moins l'énergie vitale dont nous avons besoin peut circuler. Un intérieur encombré crée des blocages énergétiques. Il en est d'ailleurs de même pour nous, les humains : plus nous sommes envahis par des émotions désagréables, des tâches, des enjeux, des pensées, des résultats, moins la circulation de notre énergie est fluide. En Chine, et en Asie en général, le Feng Shui est bien plus qu'une science, il est une véritable philosophie. Savoir se désencombrer est une aide précieuse et une première étape vers le lâcher-prise. Cela fait partie du renouveau. **Amorcer un changement nécessite de laisser le passé derrière soi, de tourner une page, de modifier notre énergie et celle de notre environnement. Comprenez bien qu'abandonner un objet n'est en aucun cas abandonner le souvenir auquel il est relié**. Nos souvenirs vivent au plus profond de nos cœurs, et ce n'est pas en se séparant d'objets de notre passé qu'ils s'effaceront. Faire du tri ne signifie pas non plus se séparer de tout ! C'est juste se libérer du « trop » pour revenir à « l'essentiel », c'est « être » et non « avoir ».

Cela permet de laisser rentrer plus de lumière aussi bien dans nos maisons, dans nos pensées, que dans nos vies !

Pour beaucoup de personnes, faire du tri est souvent source de stress et d'angoisse. Alors, si vous faites partie de ces personnes, laissez-moi vous donner quelques petits conseils pour faire de ce « stresseur » un moment de joie et de partage. Si trier est compliqué pour vous, alors faites-en plutôt un jeu qu'une contrainte ! Encore une fois, n'oubliez pas que vous n'êtes pas seul. Allégez-vous de cette tâche en la partageant avec vos amis, vos enfants, vos petit-enfants, neveux, nièces… Bref, toutes les personnes de votre entourage prêtes à vous rendre service et qui apprécient de jouer à la chasse au trésor ! Faites appel aux âmes généreuses et de préférence rigolotes, afin de faire de cette « corvée » un sympathique moment de partage et de rire ! Car comme on dit, « Plus on est de fous, plus on rit ! », et avec un peu de chance les personnes qui viendront vous soutenir dans cette épreuve repartiront avec un certain nombre de vos trésors abandonnés ! Et dans quelque temps, ce sera à votre tour de les aider à se « désencombrer » de tout ce dont vous les aurez « encombrés » !

Ne vous attaquez surtout pas à l'ensemble de votre maison d'un seul coup, **procédez avec ordre et minutie**. Planifiez de quelques heures à une journée, et commencez par une pièce à la fois, un placard à la fois. Prenez le temps de passer en revue chaque coin de votre pièce, et interrogez-vous sur l'utilité réelle de chaque objet que vous possédez. Sont-ils vraiment utiles ? Ont-ils une valeur financière ou sentimentale ? Sont-ils toujours en harmonie avec votre intérieur ? Seraient-ils utiles à quelqu'un de votre entourage ? Pouvez-vous leur donner une seconde vie ? Surtout, avant de commencer, je vous suggère de vous munir de plusieurs cartons dans lesquels vous pourrez déposer vos objets :

- **À jeter** : ceux en très mauvais état, les produits périmés, les papiers usagés, les objets destinés à la déchetterie…
- **À donner** : à vos proches, à vos amis, à des personnes dans le besoin, à des associations diverses, à des écoles…
- **À recycler** : usage personnel, recyclerie…
- **À vendre** : auprès d'antiquaires, de brocanteurs, aux enchères, dans des vide-greniers, dans des dépôts-ventes, dans des magasins spécialisés, sur des sites internet (eBay, Leboncoin, Vinted…).

- **À échanger** : ceux à troquer contre d'autres objets (qui vous seront utiles et non encombrants !) ou contre un service rendu (échange de bons procédés).
- **En attente** : tous les objets pour lesquels vous hésitez encore. Donnez-vous le temps de la réflexion, car il ne faut jamais confondre vitesse et précipitation !
- **À offrir aux personnes qui viennent vous aider !**

Mais chose importante, si vous avez le moindre doute, prenez le temps de vous renseigner et de faire estimer vos objets anciens ou de collection (vos tableaux, vases, statues, objets insolites…) auprès d'antiquaires sérieux, de collectionneurs ou d'un commissaire-priseur. Certains objets peuvent avoir bien plus de valeur marchande que vous ne l'imaginez, et vous risqueriez de regretter de les avoir bradés. Puis, une fois cette estimation faite, informez-vous par exemple auprès de la mairie de votre village ou de votre quartier sur les lieux et jours des brocantes et vide-greniers, et faites de cette journée un sympathique projet ! Ce peut être aussi l'occasion de remplir votre tirelire pour rendre possible la réalisation d'une de vos envies, notée lors du pas précédent.

Pour vous aider dans cette étape de lâcher-prise, pourquoi ne pas utiliser la technique des petits bonhommes allumettes ? Et croyez-en mon expérience, le moyen le plus efficace de faire du tri… c'est de déménager ! C'est l'occasion rêvée pour s'alléger et revenir à l'essentiel. Mais il n'est pas non plus obligatoire de déménager pour s'alléger !

Donc comme vous l'aurez compris, épurer notre maison permet une meilleure circulation d'énergie dans notre lieu de vie et joue un rôle bénéfique sur notre vitalité. Cela symbolise également le renouveau et la dynamique de changement.

Il en est de même pour vos biens immobiliers. Il va de soi que vous ne devez surtout pas vous démunir de tous vos biens, ils vous appartiennent et vous seront encore bien utiles, mais si certains deviennent plus une source de stress que de plaisir (par rapport à la distance, l'entretien, les travaux, les frais…), alors là aussi apprenez à vous simplifier la vie ! Vendez, déménagez, ou transmettez de votre vivant une partie de votre patrimoine à vos proches. N'hésitez pas à en référer à votre notaire qui saura vous conseiller sur les solutions les plus adaptées.

PARTIE 2

MODIFIER VOS HABITUDES ET AMORCER LE CHANGEMENT

Avez-vous réussi à lire chacun des « pas » de ce livre en les espaçant dans le temps d'au moins trois jours, comme suggéré par la formule 3 x 7 = 21 ?

Avez-vous fait de cet ouvrage votre journal intime, vous êtes-vous confié à lui ? Avez-vous réussi à expérimenter les différentes astuces et actions proposées, à impulser certains changements positifs ?

Comme vous avez pu le constater, transformer nos habitudes n'est pas chose aisée, car nous sommes réellement « habités par nos habitudes ». Et pourtant, bien vieillir c'est savoir prendre de la hauteur sur ce qui est bon ou néfaste pour nous, puis surtout être capable de se remettre en question. En effet, si chaque jour nous reproduisons les mêmes choses qu'hier, rien ne changera dans notre vie et notre futur sera le reflet de nos actes et de nos décisions d'aujourd'hui. Une des choses les plus importantes et indispensables pour évoluer vers du « mieux » est de poser des actions concrètes, dans le simple but de modifier certaines de nos habitudes néfastes.

Mais qu'est-ce qu'une habitude ? Ce sont toutes ces petites actions que nous effectuons et répétons régulièrement, tous les jours, voire plusieurs fois par jour, et souvent machinalement. Elles représentent qui nous sommes aujourd'hui, car nous sommes le fruit de nos habitudes. Il est certes bien difficile d'en changer, mais pas impossible ! Cependant, **nous ne pouvons changer que celles dont nous avons réellement conscience**. Mais comment identifier une bonne d'une mauvaise habitude ? Pour les reconnaître, c'est simple. Les mauvaises habitudes sont toutes celles qui nous désavantagent et qui nous éloignent de nos objectifs, de ce que nous voudrions pour nous. OK, me direz-vous ! Et une fois ces mauvaises habitudes identifiées, comment dois-je faire pour transformer mes mauvaises habitudes en bonnes habitudes ?

Je suis certaine que bon nombre d'entre vous pensent tout haut : « Cela fait des années que je fonctionne comme ça, et ce n'est plus à mon âge que je vais changer mes habitudes » ! **Et pourquoi pas ? Il n'y a pas d'âge pour vivre mieux et plus heureux !** Mais pour pouvoir amorcer ce changement, il est indispensable de revenir sur ce qui est essentiel pour vous

Journal DE BORD

Dans un premier temps, je vous invite à noter (ou renoter) dans votre carnet personnel, vos objectifs de vie, ce que vous souhaitez pour vous au plus profond de vous-même : la santé, la longévité, la sérénité, être heureux, vous accomplir, la liberté financière…

Je vous invite ensuite à noter toutes vos habitudes qui vous rapprochent de vos objectifs de vie, qui sont bénéfiques pour vous : par exemple, si un de mes objectifs est de vivre longtemps et en bonne santé, mes bonnes habitudes qui contribuent à cet objectif sont : « Je prends soin de moi », « Je vais marcher tous les jours », « Je mange des produits frais bio et cuisinés maison », « Je développe la pensée positive », « Je donne sens à ma vie »…

« Il s'agit de faire de la santé un projet au lieu de faire de la maladie un cauchemar. »

Abraham Moles

Puis établissez la liste de vos habitudes qui vous éloignent de vos objectifs de vie. Identifiez leurs conséquences et regardez par quoi vous pouvez les remplacer :

Habitude néfaste	Ses conséquences	Je peux la remplacer par
Je fume une cigarette quand je suis énervé, contrarié ou fatigué.	Très néfaste pour ma santé, réduit la durée de ma vie et celle de mon entourage de plusieurs années.	Respirer plusieurs fois, boire un grand verre d'eau, visualiser une image apaisante, faire un exercice de relaxation…
Je pense toujours au pire, j'ai beaucoup de pensées négatives.	J'induis ce que je pense, je suis angoissé, mal-être, peurs non fondées…	Mettre en place petit à petit des astuces vues au cours du pas sur la pensée.
Je me surcharge d'activités et d'obligations.	Fatigue Énervement Épuisement Moins de temps libre pour mes plaisirs et mes moments de joie.	Me libérer de quelques casquettes et obligations et rajouter des temps de plaisir sur mon agenda. Apprendre à me poser et à respirer…
Je travaille toujours dans l'urgence, je fais les choses à la dernière minute.	Pression inutile, stress, tension, perte de lucidité, manque de recul, précipitation, erreurs…	Mieux gérer mon agenda, mieux évaluer mon temps, anticiper mes actions, dire non à la procrastination…

…

Une fois vos habitudes néfastes identifiées, décidez laquelle vous allez commencer par faire évoluer. N'ayez surtout pas l'ambition de toutes les changer en même temps, pour votre cerveau c'est mission impossible. Comme l'a écrit Mark Twain, « On ne se débarrasse pas d'une habitude en la flanquant par la fenêtre ; il faut lui faire descendre l'escalier marche par marche ». Choisissez donc parmi votre liste celle qui vous paraît la plus accessible ou la plus urgente, et notez-la comme un nouvel objectif, un défi à atteindre, un merveilleux pas vers votre vie idéale. Puis, surtout, passez à l'action, car dites-vous que si vous voulez changer quelque chose dans votre vie, il faut impérativement changer quelque chose à votre vie !

Changer une habitude demande du **temps, de la volonté et de la persévérance**. Pour réussir à la remplacer définitivement, il est intéressant de comprendre les trois phases du changement :

1. La première, « LA FIN DU PASSÉ », représente ce moment où on accepte de tourner une page, de lâcher-prise, de laisser quelque chose derrière soi.

2. Suit ensuite la phase de « L'ENTRE-DEUX » qui correspond à la période d'inconfort et de confusion, traversée par de nombreuses émotions.

3. Puis vient enfin le temps du « RENOUVEAU », c'est-à-dire l'acquisition de nouvelles habitudes, la mise en place de comportements différents, le moment où nous tirons les bénéfices de ce changement. À ce stade, nous avons la capacité de nous projeter dans une situation nouvelle.

Le changement engendre donc souvent de l'insécurité par perte de nos repères, ce qui demande alors plus d'adaptation de notre part. Il passe par des phases d'inconfort avant d'en tirer les réels bénéfices.

Prenons cet exemple tout simple, une nouvelle paire de chaussures. Elles commencent par nous donner des ampoules, puis à force de les porter, elles s'adaptent petit à petit à nos pieds, pour enfin nous apporter le confort recherché.

L'entre-deux, appelé également « période de transition », représente cette période d'inconfort qui est aussi la plus propice à l'abandon. Elle demande d'avoir la profonde volonté d'un changement positif. Pour pouvoir mieux vivre cette période d'entre-deux et vous projeter positivement, n'hésitez pas à utiliser la technique de visualisation, de manière autonome ou en vous accompagnant de vos séances audio. En visualisant ce que vous souhaitez obtenir pour vous (au présent), cela développera votre plasticité cérébrale et renforcera votre désir de changement. Mais pourquoi changer ? Je voudrais juste apporter une précision de taille. **Changer une habitude néfaste pour soi n'est en aucun cas changer la personne que vous êtes, c'est juste la faire évoluer vers quelque chose de plus juste pour vous.** C'est utiliser votre propre potentiel pour avancer vers une vie meilleure. Cependant, sans la volonté, modifier nos habitudes est quasiment impossible. La volonté est un des moteurs de l'action.

Il existe un autre ingrédient indispensable au changement, que l'on appelle la **MOTIVATION**. Pourquoi est-ce que je veux changer cette habitude ? Quelles sont mes raisons et motivations profondes ? Qu'est-ce que cela va m'apporter de plus dans ma vie ? Quels sont les bénéfices que je vais en tirer ? Si vous n'avez pas la réponse à ces questions, le moindre obstacle risque de vous entraîner vers l'abandon. **Notre « pourquoi » est bien plus important que notre « comment »**, c'est-à-dire que notre raison profonde de changement est plus importante que la manière dont nous allons procéder pour y parvenir.

...

Une fois que votre « pourquoi » est clair, la seule étape qui vous fera avancer, comme vous l'avez compris, est l'**ACTION**. Créez-vous un rituel que vous allez pouvoir affiner au cours du temps.

N'hésitez pas à utiliser un petit carnet (un de plus !) ou votre « carnet de vie positive » pour noter l'action ou les actions de votre semaine en lien avec votre objectif de changement. Renommez clairement votre situation présente et celle que vous voulez vivre à la place. Par exemple, « Je suis toujours en tension » est à remplacer par « Je veux être plus détendu et serein ». Notez alors sur votre carnet quelles actions vous allez mettre en place sur cette première semaine, telles que : « Commencer par me libérer du temps sur mon agenda pour des moments de relaxation », « M'entraîner chaque jour 3 x 5 minutes à la respiration avec la cohérence cardiaque ou faire un autre exercice », « Aller marcher au moins 3 fois cette semaine, au minimum 30 minutes », « M'offrir un massage ou une séance de sophrologie avec un professionnel qui pourra m'aider dans cette démarche »… Puis, chaque jour, notez votre ou vos actions réussies sur votre carnet, et en fin de semaine, **récompensez-vous**.

Si ce changement est acquis pour vous, alors faites la même chose sur la deuxième semaine sans abandonner pour autant l'action que vous avez déjà mise en place ces derniers jours. Il est important de la pérenniser sur la durée. Puis, ajoutez un autre petit changement. Créez-vous des rituels adaptés aux différents moments de votre journée, et surtout adaptés aux besoins recherchés. Testez, expérimentez, ressentez, jusqu'à trouver ce qui vous conviendra, ce qui fonctionnera le mieux pour vous. À vous d'élaborer vos propres programmes et protocoles.

PARTIE 3

DONNER NAISSANCE À DE NOUVEAUX PROJETS

Donner un nouvel élan à notre vie, comme vous l'avez compris, c'est la dynamiser, c'est la rendre plus juste pour nous, plus agréable et confortable, plus épanouie. C'est se montrer utile, avec la certitude que notre vie a du sens, que nous avons une mission et un rôle sur cette Terre. C'est savoir pourquoi nous nous levons chaque matin, c'est avoir envie de profiter de cette vie terrestre, c'est aimer la vie que nous vivons, c'est vouloir vieillir heureux et autonome le plus longtemps possible.

Mais qu'il est parfois difficile de donner vie à nos idées, à nos désirs ! Combien de fois avez-vous eu envie de changement, envie de vous lancer dans la nouveauté ? Et combien de fois aussi n'avez-vous pas osé passer ce cap ? Par peur de ne pas y arriver ? Par peur de ne pas être légitime ? Par manque de motivation ? Ou tout simplement parce que vous ne saviez pas comment vous y prendre ? Pour vous permettre d'y voir un peu plus clair, je vais partager avec vous une idée de protocole d'action qui vous aidera, je l'espère, à avancer sur vos projets.

Cette partie s'adresse donc aux personnes qui souhaitent profondément mettre en place un projet de vie : un changement professionnel ou autre, l'entrée dans la retraite, un déménagement, une création… mais aussi différents projets qui vont donner sens à votre existence et apporter de la lumière dans votre quotidien.

Passer d'une idéalisation à la concrétisation passe par de nombreuses étapes et demande de l'investissement de temps, de la stratégie et une bonne dose de motivation et de volonté ! Le protocole proposé vous permettra de clarifier votre projet et de commencer à poser vos premières actions pas à pas. Je vais vous partager mes secrets que j'utilise depuis des années et qui m'aident grandement à mener à bout chacun de mes projets. Je me suis amusée à appeler cette méthode : « Les soleils de ma vie ».

Pour chaque étape suggérée ci-dessous, je vous invite à vous munir de feuilles blanches, ou encore mieux d'un cahier. Puis dessinez un soleil par feuille en prenant bien soin de laisser assez de place pour écrire sur les rayons. Vous noterez au **centre de votre soleil le sujet de votre réflexion**, puis sur **chacune de ses branches toutes les idées qui viendront à votre esprit**, selon le protocole qui va suivre. Ne vous autocensurez pas ; laissez votre esprit s'exprimer librement. Vous aurez toujours le temps ensuite de faire du tri !

Je vous invite à garder à portée de main votre cahier ou votre pochette contenant vos soleils. Il vous sera plus simple d'y rajouter vos idées à fur et à mesure qu'elles émergeront.

1 Je rêve ma vie idéale, ce qui est juste pour moi, ce qui donne sens, ce qui me rend heureux.

Cette première étape est la plus importante et ne doit en aucun cas être négligée, car courir sans savoir après quoi nous courons nous emmènera plus vite sur le chemin de l'épuisement que sur celui de l'épanouissement, plus sur le chemin de l'échec et de la frustration que sur celui de l'accomplissement et du bonheur. Prenez donc le temps régulièrement de revivre votre séance audio numéro 6 pour affiner votre vie idéale, d'y réfléchir, de visualiser, de ressentir ce qui est bon pour vous. Pas de précipitation ! Acceptez de perdre du temps pour en gagner, car comme dit ce vieux proverbe : « Si on me donne sept heures pour couper ces arbres, j'en prendrai quatre pour aiguiser ma hache ». Que vous ayez la cinquantaine, la soixantaine ou bien plus, il est grand temps de penser à vous et à ce qui vous fait plaisir, ce que vous méritez, ce que vous voulez vivre, recevoir et donner. Chacun mérite ce qu'il y a de meilleur !

2 Je pose des projets qui sont en lien avec ma vie idéale.

Je note sur les branches de mon soleil tous les projets que je souhaite réaliser, qui sont en lien avec la vie que je viens de rêver, qui me paraissent justes, qui donnent sens à ma vie.

3 Je choisis un premier projet ou projet de vie, à réaliser parmi ma liste.

Il est important de bien choisir le premier projet sur lequel vous allez travailler, celui pour lequel vous allez consacrer le plus de temps, d'attention et d'énergie. Pour démarrer, je vous conseille de vous lancer dans un projet accessible, assez facile à réaliser. Prenez le temps de la réflexion. Est-il prioritaire ? Répond-il à mes besoins du moment ? Fait-il partie de ceux qui m'animent le plus ? Me tient-il vraiment à cœur ? Puis, identifiez clairement votre projet en deux ou trois mots, le plus simplement possible sinon votre cerveau ne pourra pas y répondre efficacement. Ce dernier a besoin d'un stimulus clair, précis et validable (écrire mon livre, organiser un voyage en famille, me préparer à un marathon, organiser une fête, désencombrer ma maison…).

Une fois mon projet choisi et nommé, je le note au centre de mon soleil avant de passer à l'étape suivante.

4 J'identifie toutes mes idées qui sont reliées à ce projet.

Je prends le temps de noter, sur chaque branche, toutes les idées qui traversent mon esprit, tout ce qui se présente à moi spontanément en lien avec mon projet.

N'hésitez pas à rajouter des branches si nécessaire ou à faire un deuxième soleil si vous débordez d'inspiration !

5 Je prends le temps d'identifier mon « pourquoi ».

Comme nous l'avons vu, tout changement, y compris un changement d'habitude, nécessite beaucoup de volonté et de motivation, et notre « pourquoi » est bien plus important que notre « comment ». Si on ne sait pas pourquoi on fait les choses, si elles n'ont pas pris sens pour nous, il y a de fortes chances que nous abandonnions ce projet en cours de route, voire avant même de l'avoir commencé ! En ce qui concerne la motivation, nous pouvons en distinguer deux types : notre motivation intrinsèque, c'est-à-dire celle qui nous pousse à agir uniquement pour le plaisir (juste pour le plaisir de le vivre), et celle, extrinsèque, qui nous pousse à agir pour atteindre un objectif de performance (récompense, classement, promotion...). Nos motivations sont reliées à nos ressentis, à nos émotions et à nos désirs profonds.

Je vous invite alors à dessiner deux soleils.

Sur le 1er soleil : *je note tous les bénéfices et avantages que je vais récolter pour moi en faisant ce projet. Pourquoi est-ce que je veux réaliser telle ou telle chose ? Qu'est-ce que ça va nourrir d'important en moi ? Que va m'apporter ou changer ce projet dans ma vie ?*

Sur le 2e soleil : *je note tous les avantages pour les autres (famille, amis, clients, toutes les personnes concernées...). Qu'est-ce que ce projet va apporter aux autres ? Qui pourra aussi en bénéficier ?*

N'hésitez pas à faire un troisième soleil, selon votre projet, pour noter les bénéfices qu'il peut produire sur le monde (par exemple au niveau écologique, financier, évolution, prise de conscience).

6 Je me demande si ce projet est relié à mes valeurs.

Il convient, avant de se lancer dans un projet, de se poser ces questions : quelles sont mes valeurs ? Est-ce que ce projet que je souhaite faire aboutir correspond bien aux valeurs qui sont importantes pour moi, à mon éthique ?

Je prends le temps de noter sur chaque branche de mon soleil toutes mes valeurs profondes, qui donneront sens à mon projet (exemple de valeurs : famille, paix, liberté, respect, amour, solidarité, transmission, bonheur, argent, partage).

7 **Je m'interroge sur ce que je suis prêt à abandonner pour donner vie à ce projet et sur les risques que je prends.**

Réfléchissez-y tranquillement et notez le fruit de votre réflexion. **Puis identifiez si les pertes et les risques sont plus importants que votre « pourquoi ».**

8 J'identifie les potentielles difficultés.

Il est toujours intéressant d'identifier les difficultés que l'on risque de rencontrer, non pas pour se décourager de commencer, mais pour les anticiper et les relativiser afin d'y apporter les réponses adéquates avec plus de recul, de confiance et de sérénité.

Je note ce qui pourrait m'empêcher d'atteindre mon objectif, mener à bien mon projet : mes peurs, les obstacles, mes doutes… Puis, je me demande si ces difficultés sont vraiment fondées, réelles, ou si elles font partie de mon imaginaire. Est-ce réellement une difficulté à surmonter ou bien est-ce un sabotage, voire parfois une excuse ? Souvenez-vous, impossible est impossible ! D'où l'importance d'être au clair avec votre motivation, car c'est uniquement elle qui vous empêchera de vous autosaboter et qui vous permettra d'avancer.

Puis, par rapport à tout ce que nous avons vu ensemble, tout ce que vous avez appris à travers vos 7 pas : *Que puis-je mettre en place pour me libérer au maximum de ces difficultés et de mes peurs ? pour changer mes habitudes ? ma vision sur les choses ? mes croyances ? pour passer du « problème » à la « solution » ? pour me permettre tout simplement d'aller de l'avant ?*

9 J'identifie ensuite mes ressources, mes forces.

Souvenez-vous que nous avons en nous de multiples ressources qui ne demandent qu'à être exploitées. Elles sont de surcroît nos meilleures amies pour traverser et surmonter toutes les difficultés et les épreuves de la vie.

Sur un autre soleil, je note toutes mes expériences, mes compétences, mes qualités, mes atouts et talents qui m'aideront à avancer avec confiance sur mon projet. Je me réfère à mon travail de réflexion que j'ai déjà réalisé lors de mon 4e pas. Puis, j'entoure ou surligne les forces sur lesquelles je vais pouvoir m'appuyer pour atteindre le résultat que je souhaite. Car je n'oublie jamais que je suis mon meilleur allié !

10 Je me questionne sur les aides que je peux solliciter.

Qui sont mes alliés ? Qui sont les personnes qui peuvent m'aider et m'accompagner sur mon projet ? Il peut s'agir d'associations spécialisées, de thérapeutes ou coachs, d'amis, de certains membres de ma famille, de connaissances, d'organismes financiers et administratifs, de professionnels, d'Internet, des réseaux…

11 Je découpe ma montagne par paliers.

Quand la montagne est trop haute, plusieurs choix sont alors possibles : la regarder du haut des airs pour la saisir dans son ensemble, la contourner, l'abandonner, ou la découper en fines lamelles jusqu'à ce que chaque morceau soit digeste, c'est-à-dire la découper en étapes, en paliers, en sous-objectifs.

Je dessine sur une feuille une grande montagne et j'écris à son sommet mon objectif (le résultat de mon projet, ce que je souhaite obtenir au final pour moi), puis je note à l'intérieur de ma montagne tous les paliers à gravir, c'est-à-dire toutes les étapes (les choses à faire, à mettre en place, à réaliser…) pour atteindre le sommet, mon objectif final, mon résultat souhaité.

12 Je classe mes sous-objectifs par ordre de priorité.

Je numérote toutes mes étapes par ordre de priorité, dans quel ordre je vais faire les choses, de la plus urgente à la moins urgente. Une fois cette phase réalisée, je note à côté les dates où elles pourront être validées, c'est-à-dire à quelle date je souhaite voir la réalisation de cette étape terminée.

Par exemple, si je veux déménager, l'étape la plus urgente ne sera pas de faire tous mes cartons et de vider tout mon appartement maintenant, mais de trouver d'abord le futur lieu où je vais vivre, l'acheter ou le louer, vendre peut-être mon appartement actuel ou obtenir un prêt… puis prévoir une date d'aménagement. Vider l'appartement et faire les cartons sera donc une des ultimes étapes ! De même, si je souhaite quitter mon emploi pour créer ma propre entreprise, la première étape ne sera peut-être pas de donner ma démission, mais de préparer sérieusement mon projet de reconversion, faire une étude de marché, réfléchir au secteur d'activité… bref, de bien réaliser en amont toutes les étapes vues précédemment !

Laissez-moi vous partager une autre petite astuce pour vous aider à planifier vos priorités. Vous pouvez utiliser une grande feuille de papier et écrire en gros chacune de vos étapes à réaliser. Découpez-les et déposez-les ensuite au sol. Puis observez-les en prenant de la hauteur, pour les voir dans leur globalité, et repositionnez-les dans l'ordre de réalisation qui vous paraît le plus judicieux. Pour imaginer plus en détail quels chemins prendre et quelles sont vos pistes à explorer, n'hésitez pas à vous aider de la technique de visualisation (Audio 4). Visualisez-vous en train de vivre votre objectif atteint (toujours au présent !), tout en prenant le temps de respirer et de ressentir la joie que cela vous procure. Puis notez toutes les idées et images qui émergeront lors de votre visualisation.

13 **En m'aidant du travail déjà réalisé précédemment sur mes habitudes néfastes, j'identifie sur mon carnet les positives et négatives qui vont m'approcher ou m'éloigner de mon objectif**, et je vois laquelle ou lesquelles je peux changer et faire évoluer positivement.

14 **Je fais mes 5 premiers petits pas.**

Le véritable changement commence au moment de sa mise en œuvre. La première action libèrera le flot des pensées négatives qui peut vous envahir de doutes, et contribuera à l'estime de vous, votre confiance en vous et en vos possibilités. Rien n'est aussi efficace que de poser des actions, même minimes. Avancer pas à pas vers ce que vous souhaitez pour vous, il n'y a rien de plus motivant et excitant ! Et n'oubliez pas qu'une des clés de la réussite est sans aucun doute la persévérance !

Quelles sont mes 5 premières actions que je vais mettre en place pour amorcer cette dynamique de changement, qui contribueront à faire évoluer mon projet ? Quels sont les 5 petits pas que ***je décide*** *de faire pour me rapprocher de ce qui est juste pour moi ?*

15 Et surtout, je CROIS jusqu'au bout que la réalisation de mon projet est possible !

Je note de 1 à 10 mon degré de croyance correspondant à la réussite de mon projet. Plus je m'approche du 10 et plus je crois en moi et en sa réalisation, plus je sais que mon projet verra le jour prochainement, que je vais réussir à lui donner vie. En revanche, plus je descends en dessous du 10, moins ma croyance d'y arriver est grande, et plus j'ai la certitude que ce projet est impossible à réaliser !

Votre degré de croyance jouera un rôle très important dans votre réussite. Si vous ne croyez pas à son aboutissement, il y a de fortes chances en effet que votre projet soit voué à l'échec. La croyance est essentielle dans tout processus de développement et d'évolution. Seules les personnes qui croient en leurs rêves les accomplissent. Cependant, si vous avez pris le temps de réaliser consciencieusement et pas à pas les 15 étapes précédentes, vous n'avez plus aucune raison de douter ni de vous ni de votre projet ! Vous êtes sur le chemin de sa réalisation, alors ne lâchez rien, continuez à avancer ! Et commencez à mettre le champagne au frais, car tout succès doit être fêté !

16 Dernière étape : j'arrête de procrastiner !

Quésaco ? Que signifie ce mot aussi compliqué qu'étrange ? Avez-vous déjà repoussé une action au lendemain ? ou à plus tard ? ou à « jamais » ?! Eh bien, c'est ça la procrastination ! C'est repousser et repousser sans cesse au lendemain ou à jamais. Mais alors, pourquoi procrastinons-nous ? Parce que nous nous laissons distraire ? par manque de motivation ? parce qu'il est bien plus agréable de ne rien faire ou de ne rien changer que de passer à l'action ? parce que vous ne savez pas comment vous y prendre et par où commencer ? par manque de confiance en vous ? ou tout simplement parce que c'est la faute de vos ancêtres qui vous ont légué ce défaut dans votre patrimoine génétique ?! Au niveau des neurosciences, la procrastination représente un conflit entre notre conscient (notre envie de faire les choses) et notre inconscient (qui a tendance à les freiner). C'est un duel qui demande beaucoup d'énergie et qui engendre pas mal de frustrations ! Surtout que dans ce combat, c'est notre inconscient qui ressort souvent victorieux.

Mais ce n'est pas une raison pour se trouver des excuses ! Nous procrastinons souvent par peur de l'inconnu ou de l'échec. Personnellement, je n'aime pas du tout ce mot « échec » qui est beaucoup trop négatif. Je préfère parler d'étapes ou d'expérience. Sans « échec », nous ne pourrions pas avancer. Il est important de les voir comme des tremplins vers la réussite, des leçons de vie qui, une fois acceptées et analysées, sont là pour nous faire avancer.

Comme l'a dit Nelson Mandela : « On ne perd jamais, on gagne ou on apprend ! » Lorsque nous commençons quelque chose et que nous n'allons pas jusqu'au bout, c'est là que nous formons en nous l'habitude de l'échec. Mais la meilleure façon d'avancer dans la vie, c'est… justement **d'AVANCER, et surtout d'OSER !**

OSEZ ÊTRE VOUS-MÊME. OSEZ CROIRE EN VOUS.
OSEZ L'INCONNU. OSEZ POUSSER DES PORTES.
OSEZ VOIR LES OPPORTUNITÉS QUI SE PRÉSENTENT À VOUS.
OSEZ LE CHANGEMENT. OSEZ LA DIFFÉRENCE.
SOYEZ AUDACIEUX !
OSEZ TOUT SIMPLEMENT LA VIE !

« Ce n'est pas parce que les choses sont difficiles que nous n'osons pas, c'est parce que nous n'osons pas qu'elles sont difficiles. »

Sénèque

SÉANCE AUDIO

MON MOMENT COCOONING

Séance n° 7

Après l'effort, le réconfort ! Pour finaliser ce dernier pas et vous féliciter de tout le travail que vous avez déjà accompli, j'ai eu envie de vous offrir une belle séance de relaxation. Voici un temps pour vous libérer des tensions et rééquilibrer votre énergie, pour vous apporter détente et sérénité.

Cette séance peut se réaliser debout, assis ou couché : à vous de choisir ce qui vous conviendra le mieux au moment de votre écoute. Vous pouvez donc profiter de votre séance dès à présent, ou bien vous octroyer ce pur moment de bien-être à l'instant qui sera le plus propice pour vous.

Astuces & Conseils

Et comme c'est vous le patron, je vous laisse à ce stade de votre lecture la totale liberté de vos actions. Vous avez le choix de mettre votre livre et vos projets de côté, de relire certains passages, de vous rendre directement à la conclusion, de continuer à faire de petits pas, ou tout simplement de NE RIEN FAIRE. Tout est permis ! À vous de voir ce qui est le plus juste pour vous au moment de la lecture de ces quelques lignes ; surtout, soyez à votre écoute.

CONCLUSION

« Si vous avez l'impression que vous êtes trop petit pour pouvoir changer quelque chose, essayez donc de dormir avec un moustique… et vous verrez lequel des deux empêche l'autre de dormir. »

Dalaï-Lama

Pour conclure cet ouvrage, j'ai simplement envie de vous dire et redire que vous êtes d'une grande valeur, que vous méritez le meilleur et que vous êtes beaucoup plus « GRAND » que ce que vous pouvez imaginer.

En démarrant ce livre, je n'aurais jamais pensé me prendre autant au jeu de l'écriture. J'espère de tout cœur que vous avez pris tout autant de plaisir à le lire et à évoluer à travers ses pages, que moi j'en ai pris à l'écrire. Ce fut un sacré challenge pour moi, une montagne qui me paraissait difficile à gravir, et pourtant si jouissive. Je ne vous cache pas que j'ai eu parfois des moments de doutes et de questionnements, qui m'ont poussée à vous abandonner de temps en temps, mais c'était toujours avec la même joie au fond de mon cœur que j'avais plaisir à vous retrouver, cher lecteur. Je sentais votre force et votre présence autour de moi qui me susurraient à l'oreille « continue d'avancer », « continue d'avancer » !

Pour réaliser ce livre, je suis ravie d'avoir réussi à donner congé à mon saboteur… et d'avoir su écouter mon cœur et mon intuition, plutôt que mes peurs. Donc, si j'ai pu m'en libérer, pourquoi n'en seriez-vous pas capable à votre tour ? Ce livre est la preuve que tout est possible à celui qui le décide, et surtout qui le désire au plus profond de lui. C'est la raison pour laquelle je vous suggère d'intégrer dès à présent dans votre philosophie de vie ces trois petits mots : « ET POURQUOI PAS ? ». Chaque fois que vous douterez de vous, que vous penserez que ce n'est pas possible pour vous, dites-vous « **ET POURQUOI PAS ?** » et aidez-vous pour avancer de toutes les étapes que nous avons vues ensemble tout au long de cet ouvrage.

Ma principale intention en écrivant ce livre était de vous transmettre mon amour pour la vie, mon enthousiasme et mon énergie, mais également de vous donner le sourire et l'envie de vivre pleinement votre vie. J'espère sincèrement avoir rempli ma mission ! Il avait aussi pour vocation de vous faire avancer sur les sept axes importants et indispensables du bien-vieillir, pour rendre votre quotidien plus agréable et heureux, pour vous donner confiance en vous, en l'avenir et en la vie. Il est clair que le monde dans lequel nous vivons n'est pas tout rose, qu'il éveille en nous beaucoup d'insécurité et de peurs, mais tout n'est pas aussi sombre et dramatique qu'on veut bien nous le faire croire.

Sachez que, chaque jour, de très nombreuses personnes partout dans le monde se battent pour un monde meilleur et font de leur projet de vie une mission pour améliorer l'existence de chacun. **Beaucoup de très belles choses se produisent et se partagent chaque jour.** À nouveau, tout dépend de notre vision du monde et du regard que l'on porte sur chaque évènement. Et même si c'est difficile à admettre, nous avons souvent une part de responsabilité face aux évènements qui nous arrivent. Accepter ses responsabilités est l'étape la plus difficile mais aussi un grand pas vers une plus grande conscience et une évolution positive.

À ceux qui n'ont qu'un marteau, tous les problèmes semblent être des clous.

Un marteau est un outil formidable, mais nous avons également besoin d'un tournevis, de pinces, de scie, et ainsi de suite, pour bien bricoler.

Vous possédez maintenant cette boîte à outils. Mais la première étape pour donner un nouvel élan à sa vie débute par une prise de conscience, et les interrogations qu'elle suscite. Ce guide a aussi pour but la **prise de conscience** de votre mode de fonctionnement actuel, pour vous pulser tout en douceur vers un changement positif pour vous. Il ne constitue qu'une infime part de tout ce que vous pourriez découvrir ou apprendre, mais si vous l'appliquez dans sa totalité, ou ne serait-ce qu'une partie de son contenu, vous aurez déjà fait un grand pas. **Ces 7 petits pas, une fois franchis, représenteront un IMMENSE pas en avant !**

Je suis consciente que ce programme a été dense et riche d'informations. C'est la raison pour laquelle je vous invite maintenant à **prendre le temps** d'assimiler son contenu, puis d'y revenir régulièrement à votre rythme. N'hésitez pas à lire et relire les parties qui répondent le plus à vos besoins du moment, à faire et refaire les exercices, puis à passer à l'action. Car la meilleure façon de comprendre et d'intégrer les choses, c'est de les vivre. Le fait de passer par l'expérience permet l'intégration. C'est à travers l'action que nous nous rendons compte qu'il est possible de changer des choses. **Nul besoin de tout comprendre pour passer à l'action, et c'est au contraire en passant par l'action que vous allez tout comprendre !** Ensuite, soyez patient.

Continuez à avancer pas après pas, à revenir sur vos lectures, à expérimenter. Montrez-vous indulgent, tolérant et bienveillant avec vous-même ; cessez d'être trop exigeant envers vous au point parfois d'en devenir votre propre bourreau. **Acceptez l'échec, le fait de ne pas être parfait, d'avoir des moments de doutes, de tristesse, des « coups de blues », des périodes où la joie n'est pas au rendez-vous...** Tous ces moments et ces états d'âme font partie de notre cheminement. L'essentiel est de continuer à avancer à votre propre rythme.

Concernant vos audio de sophrologie, je tiens à rappeler que la **sophrologie est bien plus qu'une simple boîte à outils, et que les séances proposées ne sont qu'une approche simplifiée de cette puissante méthode. Elles ne remplacent en aucun cas des séances individuelles ou collectives encadrées par un professionnel certifié.** Si vous en éprouvez le besoin, n'hésitez pas à poursuivre ce cheminement accompagné d'un sophrologue professionnel. Vous pouvez contacter la FEPS[13] ou la SSP[14], qui sauront vous orienter vers la personne correspondant le mieux à vos besoins, et exerçant dans votre secteur géographique.

Mais pour bien vieillir et vivre mieux et heureux, il est primordial de **prendre soin de vous**. Apprenez à recharger vos batteries en apportant à votre corps et à votre esprit les carburants dont ils ont besoin, et diminuez voire supprimez tout ce qui l'affaiblit et le détruit à petit feu. Un autre élément indispensable du bien-vieillir est de toujours rester dans l'action. D'ailleurs, c'est l'un des secrets des centenaires d'Okinawa.

Le docteur Jean-Paul Curtay dans son livre *Okinawa* a écrit que « le fait de garder une activité qui permette à la fois de bouger son corps, de maintenir sa tête occupée, d'être utile, d'entretenir des relations avec les autres et de contribuer à son autonomie financière est un point récurrent des profils des centenaires d'Okinawa ». Alors, si vous voulez rester jeune, développez un esprit jeune et restez dans l'action !

---

13 Fédération des écoles professionnelles en sophrologie.

14 Syndicat des sophrologues professionnels.

Comme vous l'avez compris à la lecture de ce livre, **bien vieillir ne s'applique pas uniquement aux quinquas, seniors, et aux personnes de grand âge**. Bien au contraire, c'est selon moi une **philosophie qui devrait être enseignée dès notre plus jeune âge** car comme vous avez pu le constater, tous les points que nous avons traités concernent l'humain dans sa globalité (notre corps, nos émotions, nos pensées, le stress, notre rapport au temps, notre respiration, notre joie de vivre, nos projets…). Je vous invite donc, si vous le souhaitez, à partager plusieurs astuces et exercices de ce livre avec vos enfants ou petits-enfants. Je suis certaine qu'ils sauront en faire bon usage.

Quel que soit votre âge, ne vous interdisez pas de vivre ce que vous avez envie de vivre. La vie est un merveilleux terrain de jeu, un champ infini de possibilités, un jardin d'opportunités. Chaque jour est un nouveau jour, un cadeau de la vie. Alors, ne renoncez pas et continuez à avancer jour après jour vers ce qui est juste pour vous. **Donner un nouvel élan à votre vie, c'est laisser le passé derrière vous pour mieux vivre votre présent et vous diriger avec sérénité et confiance vers votre futur.** Déployez vos ailes et n'ayez pas peur du changement, car il est souvent bénéfique, voire salvateur, dans bien des cas.

Et surtout cher lecteur, **ne perdez jamais ESPOIR**, même si vous êtes à un moment de votre vie où tout vous fait défaut, que vous avez le sentiment de toucher le fond, que rien ne va plus. Dites-vous que vous avez déjà surmonté avec succès beaucoup d'épreuves dans votre vie. L'être humain est capable de faire face à de très nombreux défis auxquels il est confronté. Ne baissez pas les bras et diffusez en vous et autour de vous cette intention d'espoir. Souvenez-vous, se libérer de nos pensées négatives et de nos peurs permet de prendre du recul sur les problèmes, mais surtout de donner l'opportunité à notre cerveau de trouver ses propres solutions.

« Il n'y a que deux jours dans une année où l'on ne peut rien faire. Ils s'appellent hier et demain. Pour le moment, aujourd'hui est le jour idéal pour aimer, croire, faire et principalement vivre. »

Dalaï-Lama

BONUS MUSICAL

Enfance

« Depuis l'aube de l'humanité, la musique et les sons rythment la vie des hommes. J'ai puisé dans diverses traditions ancestrales des rituels sonores invitant à la transe ou à un lâcher-prise profond... Une séance est un voyage initiatique au cœur des sons et de la matière qui peut être l'occasion d'un changement intérieur, d'une transformation ».

Nicolas Lespinasse

Pour clôturer cet ouvrage, j'ai eu envie de partager avec vous une composition instrumentale de Nicolas Lespinasse, mettant en œuvre différents carillons. Ces sons purs et cristallins invitent rapidement au bien-être et au lâcher-prise, mais aussi à la rêverie et la méditation.

C'est l'occasion de suspendre le temps un instant, de vous laisser bercer tout en douceur par votre respiration, de laisser votre esprit se reposer ou vagabonder, aux sons de ces merveilleux carillons.

AUTRICE

Il est bien loin le temps où je croyais dur comme fer au hasard ! Et vous, est-ce par hasard que vous tenez ce livre entre vos mains ? Est-ce un hasard s'il a croisé votre chemin ?

Et de mon côté, alors ? Est-ce par hasard si ce livre a vu le jour ? Est-ce le fait d'avoir franchi le seuil de la cinquantaine ? De me rapprocher pas à pas de la catégorie senior ? Est-ce pour me rassurer ? NON ! Mais tout simplement par envie de passer un moment avec vous, de partager ce que j'ai appris et compris, et surtout de vous accompagner sur le chemin du mieux-vieillir dans la joie, la sérénité et l'accomplissement.

Mais qui suis-je et que puis-je vous apporter, vous offrir ?

De formation scientifique, j'ai commencé ma vie professionnelle dans le domaine de la recherche, en agrochimie puis en pharmacologie. Je me suis très vite rendu compte que cet univers n'était pas le mien, qu'il ne correspondait pas à mes valeurs, mon éthique, ma personnalité, mon « Qui-suis-je ? ».

Riche de ces années d'expérience, et après avoir eu l'opportunité de découvrir la sophrologie au cours de mes séances de préparation à l'accouchement pour la naissance de ma fille, j'ai décidé de prendre un virage professionnel en m'orientant vers un métier plus en lien avec la relation à soi et aux autres, avec le monde, avec VOUS ! Commence alors une nouvelle aventure.

Après plusieurs mois de formations et d'enrichissement personnel, ce fut l'ouverture de mon centre de bien-être dans un lieu chargé d'histoire, sur le plateau du Vercors, en plein cœur d'une nature généreuse et magnifique.

Dans cet espace de découvertes, de partages, d'échanges, chacune des approches se complétait, dans le seul but d'apporter à un maximum de personnes bien-être et sérénité, confiance en soi et en la vie. En passant de la sophrologie au Qi Gong, du yoga à la méditation, de la kinésiologie à la réflexologie… tout était mis en œuvre pour que chaque participant puisse nourrir sa curiosité, expérimenter, ressentir, choisir. Ce partage de pratiques m'a également permis d'acquérir de nouvelles connaissances et de comprendre plus en profondeur le fonctionnement humain.

Durant toutes ces années, j'ai eu la chance d'accompagner de très nombreuses personnes. De la petite enfance à la catégorie senior, de l'entreprise au monde du sport de haut niveau (ski alpin et de fond, biathlon et danse sur glace), de la préparation à la retraite au changement de vie… Ce sont grâce à ces rencontres, à leurs histoires, à mes différents apprentissages et expériences vécues, à mes ressentis et aux leurs, que cet ouvrage que vous tenez entre vos mains a vu le jour !

Sylvie Espellet

POUR ME CONTACTER

N'hésitez pas à visiter mon site internet, régulièrement alimenté de nouvelles astuces et informations précieuses dédiées à votre bien-être et votre évolution personnelle. Vous y trouverez des fiches sur différentes thématiques, mais aussi un programme d'ateliers, de stages et de formations, élaboré spécialement pour répondre à vos différents besoins.

www.unnouvelelan.fr

sylvie.espellet@unnouvelelan.fr

BIBLIOGRAPHIE

- Leo Babauta, *L'art d'aller à l'essentiel*, Leduc, 2012.
- Batmanghelidj, *Votre corps réclame de l'eau*, Jouvence, 2021.
- Lucie Bernier & Robert Lenghan, *La technique des petits bonshommes allumettes ! créée par Jacques Martel*, Atma Internationales, 2016.
- Rhonda Byrne, *Le secret*, Un Monde Différent, 2008.
- Olivier Clerc, *Le don du pardon – Un cadeau toltèque de Don Miguel Ruiz*, Guy Trédaniel éditeur, 2020.
- Jean-Paul Curtay, *Okinawa – Un programme global pour mieux vivre*, Livre de Poche, 2008.
- Charles F. Haanel, *Le système-clé universel du succès*, Club Positif, 2019.
- François Lemay, *Tout est toujours parfait – L'art d'accueillir ce qui est*, Éditions Le Dauphin Blanc, 2017.
- Nicolas Lespinasse, *Massages et vibrations sonores*, Éditions Vie, 2014.
- David O'Hare, *Cohérence cardiaque 3.6.5*, Éditions Thierry Souccar, 2019.
- Don Miguel Ruiz, *Les Quatre Accords toltèques*, Éditions Jouvence, 2016.
- Lothar J. Seiwert, *Prendre son temps pour en gagner*, Éditions d'Organisation, 2012.
- Hiromi Shinya, *L'enzyme de rajeunissement*, Éditions de la Maisnie, 2013.
- Eckhart Tolle, *Le pouvoir du moment présent*, J'ai Lu, 2010.
- Doreen Virtue, *Les anges de l'abondance*, Exergue Éditions, 2016.

REMERCIEMENTS

Je tiens à remercier :

Toutes les belles personnes que j'ai eu la chance de rencontrer dans le cadre de mon activité professionnelle, lors de mes conférences, de mes formations, de mes accompagnements individuels et collectifs. Merci du fond du cœur pour tout ce que vous m'avez apporté et pour vos si nombreux témoignages de sympathie et de reconnaissance.

Toutes les personnes qui depuis des années me font confiance. À mes nombreux collaborateurs et partenaires de longue date qui ont éveillé en moi l'idée et l'envie d'écrire ce livre. MERCI aux éditions MANGO qui ont cru en moi et en cet ouvrage, et qui ont fait de mon rêve une réalité.

Tous mes enseignants et formateurs qui, au fil du temps, ont contribué à mon évolution personnelle.

Tous mes amis, ma famille, les personnes qui ont participé de près ou de loin à la réalisation de cet ouvrage, par leurs différents soutiens et encouragements, mais également à Iris, ma grand-mère décédée à l'âge de 96 ans, à mon grand-père qui nous a quittés à 103 ans, à mes parents et tout particulièrement à Paulette, ma maman, qui à mes yeux était un modèle de courage, d'optimisme et de générosité. Trois ingrédients indispensables au bien-vieillir !

Une de nos plus belles forces est de savoir dire MERCI du fond du cœur, aux gens et à la vie. Alors merci à vous aussi, cher lecteur, qui avez fait le choix de bien vieillir et de donner un nouvel élan à votre vie !

Les éditions Mango
Des auteurs spécialistes, des créations uniques
Des ouvrages réalisés en France par des équipes passionnées
Des objets de qualité conçus pour durer
Des livres pour toute la vie !

Direction : Guillaume Pô
Direction éditoriale : Tatiana Delesalle
Édition : Audrey Di Santo
Préparation de copie et relecture : Mélodie Quercron
Direction artistique : Sylvaine Beck
Illustrations : Amy Jones
Mise en pages : Chloé Tipo
Direction de fabrication : Thierry Dubus
Suivi de fabrication : Marie Dubourg

Dépôt légal : juin 2024
1e édition

ISBN : 9782317032585
Code MDS : MN32585

Retrouvez-nous également sur Instagram et Facebook : @mangoeditions

Achevé d'imprimer en avril 2024 par la Sepec Agm, en France
Z.I. rue Gutemberg – 76440 Forges-les-eaux
N° d'édition : 24L0560